RECETAS DE COCINA POR ORDEN ALFABETICO

RECETAS DE COCINA POR ORDEN ALFABETICO

SEGUNDO VOLUMEN

MARTHA SÁNCHEZ LLAMBÍ

Registro Público del Derecho de Autor INDAUTOR 03-2013-010811155100-01

Número de Control de la Biblioteca del Congreso de EE. UU.:		2013901504
ISBN:	Tapa Blanda	978-1-4633-5003-1
	Libro Electrónico	978-1-4633-5002-4

Para realizar pedidos de este libro, contacte con:
Palibrio
1663 Liberty Drive
Suite 200
Bloomington, IN 47403
Gratis desde EE. UU. al 877.407.5847
Gratis desde México al 01.800.288.2243
Gratis desde España al 900.866.949
Desde otro país al +1.812.671.9757
Fax: 01.812.355.1576
ventas@palibrio.com
445493

Índice

"A"

"B"

"D"

"E"

"F"

"G"

"H"

"Q"

"R"

"S"

"T"

"V"

"Y"

"Z"

Dedico este libro a un grupo de amigas cuya inventiva y amor por la gastronomía las ha hecho merecedoras de elogios cada vez que reúnen a familiares y amigos. Vaya, pues, un gran aplauso para Alma Alonso, Martha Álvarez, Sabine Arienzo, Lourdes Burgos, Annette Dittner, Gaby Frías, Totó Ibarra, Marcela Ibarra, Dulce María Jiménez, Julia López y Lupita Vidal. No son todas, algunas ya partieron.

Una dedicatoria especial para quienes disfrutan la preparación de alimentos; a las madres de familia, a hombres y mujeres, ya sean chefs o como yo, individuos que gustan probar cualquier guiso, para quienes un mercado que ofrece frescas frutas y verduras representa la mejor aventura.

Quiero agregar mi agradecimiento a todos los involucrados en la recuperación de tierras de cultivo libres de materiales tóxicos, y a los entusiastas agricultores y granjeros que se enfrentan a grandes contratiempos con tal de ofrecernos alimentos orgánicos. Admiro su fortaleza y los bendigo.

En virtud de que la presencia de semillas genéticamente modificadas es uno de los mayores problemas que tenemos los seres humanos en estos tiempos, te pido hacer tu mejor esfuerzo para recuperar las semillas naturales, endémicas, que teníamos en México y que por siglos fueron la base de nuestra alimentación. No podemos permitir que fuerzas extranjeras eliminen nuestro maíz sagrado. Te pido luchar por el restablecimiento de las antiguas semillas de maíz, arroz y trigo, así como variedades de legumbres que han sido transformadas en laboratorios. Esta criminal manipulación se repite en el resto del mundo. Te pido incorporarte a las filas de aquellos que estamos luchando por volver a una alimentación natural que nos mantenga sanos.

PRÓLOGO

Debo haber tenido dieciséis años cuando intenté hornear mi primer *coffee cake o panqué para la merienda.* En aquel entonces era fiel seguidora de las revistas americanas de chismes de Hollywood. La vida de las estrellas cinematográficas me entretenía, pero además de disfrutar las fotografías de los galanes norteamericanos, seguía con entusiasmo las recetas de cocina que aparecían en aquellas ediciones. Fue así como empecé este alegre viaje a través de las mil rutas que ofrece la gastronomía.

Cuando me casé con Robert, nacido en París, él se volvió sumamente exigente, por la sencilla razón de que todo lo que yo hacía llevaba un especial cuidado por su problema de úlcera. Recién casada no tenía la menor idea de cómo se guisaba un arroz. El día que preparé un lomo de cerdo en salsa de ciruelas me dio un vuelco el corazón porque, aunque solamente habíamos invitado a una pareja francesa, la cantidad que compré no era la adecuada y a duras penas pude sacar tres minúsculas rebanadas de lomo por persona. Mientras nuestros invitados seguían una conversación en francés, yo me entretuve haciendo otras cosas en la cocina y no comí carne. Todo el tiempo pedía que no fueran a repetir porque ya no había más. El carnicero que me vendió ese lomo se convirtió en mi asesor en los meses siguientes y le fui fiel como clienta durante veinte años.

Poco a poco fui comprando libros de cocina, y mi entusiasmo creció al grado de estudiar recetas por las noches, momento en el que tomaba nota de los ingredientes que compraría al día siguiente. Fui tan audaz, que solía cocinar recetas por primera vez aun cuando tuviera invitados a comer. Podía discernir si esta o aquella receta sería exitosa, y mi intuición nunca me falló. Mientras tanto, un día descubrí que los chabacanos que había comprado estaban demasiado maduros y a punto de estropearse. Decidí retirarles el hueso y los puse en una olla de esmalte (de mi adorada colección francesa *Le Creuset*). Medí una taza de azúcar por cada taza de fruta. Los cociné a fuego lento hasta verlos convertidos en una especie de puré. Los vacié en frascos de vidrio y les puse cera líquida por encima para sellarlos. Esa fue mi primera prueba en la preparación de mermeladas. Salió tan buena la confitura de chabacano que para Navidad ya tenía algunos frascos preparados como regalos para familiares y amigos. Uno de nuestros amigos quedó encantado con su mermelada y rápidamente me hizo un pedido, porque estaba convencido de que yo podía preparar mermeladas de otras frutas. Al pedido de mi amigo agregué mermelada de fresa y de manzana, luego le siguieron las delicadas jaleas de naranja y mandarina. Fue entonces que nació mi entusiasmo por esta dulce actividad, a la que más tarde agregué encurtidos como el *chutney* de mango, las rajitas de chiles cuaresmeños y los chilpotles estilo Puebla. Con los años, dejé de usar la parafina y mejoré la presentación al utilizar tapas especializadas para hervir los frascos al vacío.

Mi selección de mermeladas ha llegado a incluir doce o más sabores, ya que fui inventando ciertas combinaciones como la que dediqué a una de mis perritas que partió de este mundo, dejándome sumamente triste. La mermelada en honor de *Lustika* lleva manzana, piña y jengibre. ¡Deliciosa! La jalea de pétalos de rosas era sensacional y digo "era" porque ahora ya no puedo prepararla por los pesticidas que usan para fumigarlas. Mientras viví cerca del Ajusco tuve la oportunidad de cosechar muchas frutas. El jardín era pequeño, sin embargo albergaba más de diez árboles amados que ahora mismo enumero: un tejocote, un membrillo, tres manzanos, dos ciruelos, dos chabacanos, un limón verde y un limón Eureka, un naranjo agrio y una higuera (de cuyas ramas saqué muchos arbolitos que regalé a mis amigas y empleados). De esta higuera utilicé un día un gran cesto de higos que ya no iban a madurar por el cambio de estación. Los herví en almíbar y luego los rebané finamente para mezclarlos con naranja en dulce, nueces picadas y coco rallado. El cocimiento dio como resultado un dulce al que llamé Confite de Higo. Ahora que ya no puedo disfrutar mis generosos árboles (porque tuve que mudarme a un departamento) algunas de mis amigas me siguen pidiendo el Confite de Higo, y ellas y yo nos lamentamos de su ausencia.

Como diría mi adorada abuelita Julia: *"Bon profit!"*

Marusa
Ciudad de México, diciembre de 2012

INTRODUCCIÓN

Quiero empezar con un reconocimiento a la antigua cocina mexicana, que ahora se enlaza a la gastronomía moderna, habiendo pasado por la *nouvelle cuisine* y más allá, como resultado de la creatividad de muchos chefs mexicanos ante las deslumbrantes presentaciones de la cocina internacional.

"El comal le dijo a la olla...
No soy tu recargadera..."

(Esta es una historia popular nacida de la costumbre que tienen
las cocineras mexicanas de poner a calentar comida, a un lado del
comal, cuando están haciendo tortillas)

Mi amor por la diversidad de platillos de mi país me pide hacer un homenaje al *metate*, al *comal* y al *molcajete*, utensilios indispensables en los hogares mexicanos que se precian de conservar las tradiciones más puras.

El *metate* se sigue usando en los pueblos de provincia. Desde el año 2007, he visto programas televisivos cuyo diseño muestra la gran riqueza de la cocina mexicana. En el recorrido de un viajero por "La Ruta del Sabor" suelen aparecer recias mujeres, poseedoras de gran vitalidad para moler maíz seco, semillas de chiles, tomates, jitomates, ajos y especias. En verdad es espectacular ver la destreza que tienen en el manejo de la mano del *metate*, llamada *metlapil*. No cualquiera puede hacer que esa larga piedra logre el ritmo adecuado para que su fricción sobre el metate resulte en una fina pasta que se convertirá en el más rico mole o en la perfecta masa de tortillas.

El *molcajete*, con su *tejolote*, debe ser de una piedra volcánica que no se desmorone fácilmente. Los molcajetes nuevos deben prepararse primero para que la arenilla que todavía contienen desaparezca y ya no se incorpore a las salsas. El *molcajete* debe estar totalmente liso al interior. Para prepararlo, se muelen ajos y chiles, tomates y jitomates con cebolla, dos o tres veces, y no se usan, hasta que la salsa salga limpia. Después, ese molcajete será una bendición en la cocina para una rica salsa que acompañará tacos y quesadillas.

Creo que somos muy afortunados en México al contar con estos ejemplos de nuestra amplia gastronomía, a pesar de contar con aparatos modernos como la licuadora y las procesadoras de alimentos. Nunca será igual el sabor de una salsa hecha al momento en molcajete, que moler los ingredientes en la licuadora. La mano de los cocineros nunca podrá ser remplazada, porque en ella reside "la magia".

Y también...

El comal le dijo a la olla...
¡Qué tiznada estás"

"De quelites me como un taco..."

México es un país lleno de tradiciones por su enorme diversidad vegetal. Representa uno de los centros agrícolas naturales más importantes del planeta, y se sitúa, en forma destacada, como un lugar excepcional para la domesticación de infinidad de plantas. Los quelites, uno de sus más claros ejemplos, juegan un rol sumamente valioso por la presencia de vitaminas, minerales y fibra. Estos han sido un atinado complemento en la alimentación de la población rural; generalmente se recolectan dentro de los campos de cultivo tradicional o en lugares en donde la tierra es tan pródiga que recibe agradecida las semillas que caen al vuelo de las aves o las que el viento dispersa generosamente.

El término *quilitl* significa 'planta cuyo follaje tierno es comestible como verdura'. Algunos tipos de quelite son las variedades de amaranto, los huauzontles, los romeritos, las verdolagas, el pápalo y toda la variedad conocida simplemente como quelite, de hojas ligeramente carnosas, de suaves tallos y no muy desarrolladas. Se pueden comer crudos, cocidos, asados, fritos o al vapor. Es por la presencia de los quelites, acompañados de una dieta a base de maíz, frijol y chile que las etnias mexicanas han permanecido fuertes y sanas. Tanto los quelites, como el diente de león, son plantas sumamente nutritivas y yo los animo a incorporarlas diariamente en sus alimentos. Ambas suelen crecer de manera silvestre en los jardines, en terrenos baldíos o a la orilla de los caminos. En mi jardín, solían aparecer, junto con las verdolagas, y mi jardinero no perdía la ocasión para decirme... "Señora Martha, aquí le traigo unos quelites para un taco ralo." Es decir, un taco simple, uno nada más para quitar el antojo.

Aunque no podemos distinguirla como platillo único, comparada con otros vegetales como los espárragos, las papas, los jitomates o las berenjenas, la col es un gran acompañante para diversos platillos, sobretodo cuando se fermenta para obtener la popular col agria o *sauerkraut* que tanto gusta a los alemanes. Comer una pequeña porción de col agria dos o tres veces por semana va a mantener nuestro sistema digestivo en buena forma. Los alimentos fermentados representan una de las mejores fuentes de probióticos al igual que el yogurt, el *miso* o el *kefir*.

"A"

ADEREZO DE PEREJIL

(Para una ensalada de rebanadas de jitomate, berenjena asada y queso panela)

Licuar: 1 diente de ajo – 1 taza de hojas de perejil – un chorrito de agua. Agregar

4 cucharadas de vinagre balsámico o de manzana – ½ cucharada de sal de mar – pimienta al gusto. Encender el motor de la licuadora y verter lentamente ¾ taza de aceite de oliva.

Nota: Las berenjenas se pelan y se rebanan del grueso del dedo meñique. Se ponen en un tazón con agua y 1 cucharada de sal. Dejar una hora. Escurrir, enjuagar con más agua fría y secar con un trapo. En un poco de aceite de oliva empezar a freírlas. Al principio van a absorber todo el aceite pero poco a poco lo irán soltando de nuevo. No usar demasiado aceite porque entonces se harán demasiado suaves y llenas de aceite. Colocar en un platón rebanadas de jitomate muy fresco, berenjenas y queso panela (queso blanco fresco). Bañar con el aderezo. Este aderezo se puede utilizar con cualquier otro tipo de ensalada.

****

ADEREZO FRANCÉS "CHIFFONADE"

A media taza de aderezo francés para ensalada (1 cucharada de vinagre o jugo de limón, 3 cucharadas de aceite de oliva, 1 cucharadita de mostaza de Dijon, sal y pimienta) agregar 2 huevos duros picados finamente, 1

1

cucharada de betabeles cocidos y picados, 1 cucharada de aceitunas picadas, 1 cucharadita de cebolla rallada y 1 cucharadita de perejil picado.

****

ADEREZO ITALIANO CON QUESO PARMESANO

Licuar: 1 cucharada de cebolla picada – 1 cucharada de queso Parmesano rallado – 1 cucharadita de sal – 1 cucharada de salsa inglesa –1/4 cucharadita de mostaza en polvo – 1 cucharadita de albahaca fresca – 1 cucharadita de orégano – un poco de pimienta – 1 cucharadita de azúcar – 3 cucharadas de vinagre de vino y 1 cucharadita de jugo de limón. Ir agregando poco a poco ½ taza de aceite de oliva.

****

ADEREZO PARA ENSALADA CON JUGO DE NARANJA

-1 cucharadita de semillas de alcaravea (caraway seeds) – 2 cucharaditas de mostaza tipo Dijon – 3 cucharadas de vinagre de vino blanco – 1 cucharada de jugo de naranja – 1/2 taza de aceite vegetal fino – ½ taza aceite de oliva – 1 cucharadita de ralladura de naranja – 1 cucharada de échalote picado – 3 cucharadas de perejil picado – 1 cucharadita de sal – ½ cucharadita de pimienta blanca

Licuar las semillas con el vinagre y el jugo de naranja. Agregar el resto de los ingredientes. Agitarlos bien. Guardar en el refrigerador. Dura varias semanas.

****

ALBÓNDIGAS AL CHILPOTLE

500gr carne de res molida – 500gr carne de cerdo molida - 3 huevos – 1 diente de ajo – media cebolla – 1 kilo de jitomate – 1 cucharadita de comino en polvo – 1 cucharada de orégano seco desmenuzado – 2 chilpotles (secos o en vinagreta) – media taza de agua – manteca de cerdo – consomé en polvo – hierbabuena – 3 rebanadas de pan de caja remojado en leche.

Hervir los huevos a quedar cocidos. Moler el jitomate con el ajo, cebolla, comino, orégano, chilpotles y agua. Colar. Freír en manteca. Cocinar con un poco de consomé y sal.

Preparar la carne: En el molcajete se muele 1 diente de ajo y 3 pimientas gordas; se agregan 3 rebanadas de pan blanco remojadas en leche (escurridas). Incorporar 1 huevo. Esta pasta se mezcla con las carnes y se agregan 5 cucharaditas de yerbabuena fresca picada y sal al gusto. Trabajar la carne para que todos los ingredientes queden bien incorporados. Cuando se mezcla la carne molida durante un buen rato con las manos la masa queda mejor. Hacer bolas y poner un poco de huevo cocido al interior de cada albóndiga. Incorporar las albóndigas al caldillo de jitomate. Cocinar 20 minutos. Acompañar con frijoles y tortillas calientes.

****

ALBÓNDIGAS DANESAS

Pedir al carnicero que muela medio kilo de carne de puerco y medio kilo de ternera. Utilizando el tazón grande de la batidora, batir la carne con 3 huevos, ligeramente batidos, media taza de cebolla finamente rallada, 3 cucharaditas de sal y 1 ¼ cucharaditas de pimienta blanca en polvo. Batir a velocidad baja, al tiempo que se agrega 1 taza de leche junto con media taza de harina. Batir la mezcla a mayor velocidad por 8 minutos. Al incorporar la leche hacerlo poco a poco para evitar que se aguade la preparación.

En una sartén pequeña, calentar 6 cucharadas de mantequilla clarificada (ver glosario). Introducir dos cucharas a la mantequilla para que queden bañadas y con ellas formar las albóndigas en forma de pequeños huevos. Agregarlos a la sartén y dorar las albóndigas por todos lados. Servir con puré de papas, arroz blanco o spaghetti *al burro*. También se pueden servir con ensalada.

****

ALBÓNDIGAS DE BACALAO

Remojar medio kilo de bacalao salado en agua fría y cambiar el agua varias veces en el transcurso de 24 horas. En una olla colocar el bacalao y cubrirlo de agua. Hervir suavemente hasta que esté tierno y se desprenda fácilmente al desmenuzarlo con un tenedor. Escurrir el bacalao, secarlo con toallas de papel y separar la carne con un tenedor. Se debe obtener aproximadamente taza y media.

En un tazón mezclar 1 ½ tazas de puré de papas y el bacalao. Añadir un huevo batido, un poco de salvia molida y pimienta al gusto. Dejar caer cucharadas de esta mezcla en aceite muy caliente. Freír a quedar doradas. Pasar por papel absorbente. Servir con ensalada,

****

ALBÓNDIGAS DE PESCADO

500gr de filete de robalo o cualquier pescado blanco limpio de espinas – 1 tomate verde, sin cáscara, finamente picado – 2 dientes de ajo finamente picado – 4 cebollitas de cambray finamente picadas – 2 cucharadas de perejil picado – 2 rebanadas de pan de caja – 2 huevos crudos – 2 tazas de puré de jitomate – media taza de caldo de pescado – 2 chiles poblanos asados y desvenados, cortados en rajitas – 2 cucharadas de vinagre – 1 cucharada de aceite – sal y pimienta al gusto.

Remojar las rebanadas de pan en el vinagre. Moler junto con las cebollitas y el ajo. Añadir el perejil y el tomate verde. Formar una pasta. Desmenuzar los filetes de pescado en crudo (o picar en procesadora). Incorporar la mezcla de pan, cebollitas y tomate. Agregar los huevos y sazonar con sal y pimienta. Trabajar bien la masa y formar las albóndigas.

En una sartén calentar el aceite y freír las rajas de poblano. Agregar el puré de tomate y el caldo de pescado. Hervir 5 minutos y añadir las albóndigas. Cocinar a fuego lento durante 20 minutos. Servir con arroz blanco.

****

ALBÓNDIGAS DE RISOTTO

(Pequeñas albóndigas fritas muy populares en ciertas regiones de Italia que ahora muchos restoranes sirven como bocadillos)

Preparar un risotto o utilizar lo que quedó del día anterior. Colocar una cucharada grande de risotto en la palma de una mano, hacer un hueco y colocar un poco de salsa de jitomate italiana (siempre es bueno mantener esta salsa en el congelador, en pequeños recipientes porque tiene usos muy variados – ver receta de Pimientos Morrones Rellenos).

Formar la albóndiga y pasarla por huevo mezclado con un poco de leche, luego por pan molido mezclado con queso parmesano y perejil finamente picado. Freír las albóndigas en mucho aceite para que floten. Una vez doradas retirar, escurrir perfectamente y colocar sobre papel absorbente. Servir de inmediato.

****

ALCACHOFAS RELLENAS

Cortar el rabo hasta el principio de las hojas para que la alcachofa pueda "sentarse" bien. Luego, con un cuchillo bien afilado, cortar la parte superior de las hojas (5cms.) para que queden casi cuadradas. Con una tijera, cortar las puntas de las hojas, es decir, los picos que algunas variedades suelen tener. Una vez hecho esto, con las manos abrir ligeramente el centro de la alcachofa para sacar el corazón (la parte que contiene la fibra) con la ayuda de una cuchara. Una vez vacía del centro, introducir cada alcachofa en un recipiente con agua y jugo de limón (para que no se manche).

Preparar el relleno con pan molido, queso parmesano rallado, queso Pecorino rallado, ajo rallado, aceite de oliva, sal y pimienta. Rellenar las alcachofas tanto en el centro como dentro de algunas hojas. Colocar en un plato refractario. Cubrir a la mitad con caldo de pollo o agua a la que se agregó salsa inglesa (Lea & Perrins) o Bovril. Tapar. Hornear a fuego mediano (180°C) durante 35 minutos o hasta que el centro de las hojas esté tierno.

****

ALMENDRAS GLASEADAS

En una sartén de hierro esmaltado o sartenes gruesas de hierro tipo americano, mezclar 1 taza de almendras peladas, 1 taza de azúcar y 2 cucharadas de mantequilla.

Calentar y mover a fuego mediano hasta que las almendras se doren y el azúcar quede de color dorado oscuro (15 minutos aproximadamente).

Añadir ½ cucharadita de extracto de vainilla. Volcar las almendras sobre papel aluminio y rociar con ¾ cucharadita de sal. Enfriar. Romper en pedacitos de 2 o 3 almendras cada uno. Salen 600gr de palanqueta. Estas almendras pueden molerse después para usarse como *pralin*.

****

ANGÚ FRITO

En África (su lugar de origen) y en Estados Unidos se conoce a esta legumbre con el nombre de "okra". En Cuba y otros países antillanos se le denomina "quimbombó" o "quinbombó". En México se llama "angú". La planta es usada en algunos lugares para textiles ya que contiene mucha fibra.

Lavar y rebanar un pedacito de la cabeza de 400gr de angú. Rebanar la verdura y colocar todo en un tazón. Pelar y quitar la semilla a 2 jitomates medianos y agregarlos al angú. Agregar 1 taza de polenta y mezclar perfectamente. En una sartén gruesa calentar 1/3 taza de grasa de tocino y saltear los vegetales durante 5 a 8 minutos o hasta que la parte de abajo haya formado una costra. Voltear las verduras con una espátula y cocinar otros 5 minutos. Continuar con esta operación durante 15 a 20 minutos o hasta que el angú esté tierno. Prensar la mezcla con la espátula después de que se voltee por última vez y dejar que dore al gusto la parte de abajo.

****

ANTE DE YEMAS

(Este es un postre de rancio abolengo. Los "antes" se acostumbraban durante la colonia y solían hacer su aparición como plato salado o dulce. No conozco la historia de por qué se les bautizó así. En mi diccionario de cocina del siglo XIX aparece una veintena de recetas de todo tipo. La que incluyo aquí era la especialidad de una amiga de mi madre.

1 litro de leche – 6 yemas – ½ taza azúcar – 1 vaina de vainilla – 150gr almendras molidas – pizca de bicarbonato – acitrón – pasitas – piñones – 3 docenas de soletas o un mamón grande

En una olla de hierro esmaltado se pone al fuego la leche con el azúcar y el bicarbonato. Mientras tanto se baten las yemas, se les agrega un poco de la leche caliente moviendo rápidamente para que no se cuezan las yemas. Se agregan las almendras molidas y se va incorporando el resto de la leche. Se vuelve al fuego a que espese un poco, sin dejar de mover. En ese momento se agrega la vainilla (si no se tiene una vaina se puede usar extracto de vainilla, 1 cucharadita).

Las soletas se bañan con una miel ligera hecha con 1 taza de azúcar, ½ taza de agua y 1 copa de Jerez (puede ser Marsala). Una por una se van bañando las soletas y se colocan en un platón. Cuando se tiene una capa de soletas se vierte la leche (retirar la vaina de vainilla) y se cubre con acitrón picado, pasitas y piñones. Colocar otra capa de soletas, más salsa de leche, fruta, etc. a terminar con crema y fruta. Se cubre con merengue.

Merengue: Preparar una miel a base de ¾ taza azúcar y 1 taza de agua. Poner al fuego y cuando espese agregar poco a poco a la batidora en donde se han batido 2-3 claras a punto de turrón. Se sigue batiendo hasta terminar toda la miel y que el merengue esté firme y brillante. Cubrir el platón con el merengue. Adornar con almendras en tiras y meter al asador unos momentos para dorar encima.

****

ARROZ AL HORNO 🍳 *(creación de 1988)*

-2 tazas de arroz crudo o 4 tazas de arroz blanco del día anterior – ½ kilo de camarones pelados y limpios de intestinos, salteados en un poco de mantequilla - ¼ kilo queso Gruyere rallado – 1 cebolla chica – 2 cucharaditas de curry en polvo – salsa inglesa (Lea & Perrins) – pizca de pimienta cayena – sal y pimienta al gusto – 50gr mantequilla – 2 huevos – 2 cucharadas de crema – 2 plátanos machos (plantain) –

Hervir el arroz en agua con sal. Cuando esté tierno, escurrir y dejar aparte. Rallar la cebolla (3 cucharadas aproximadamente) y saltearla en mantequilla. Fuera de la lumbre agregar el curry, la salsa inglesa, pimienta cayena, sal y pimienta al gusto y los huevos batidos con la crema. Mezclar esta salsa con el arroz y los camarones cortados a la mitad horizontalmente.

En un molde refractario verter la mezcla de arroz con camarones. Rociar el queso Gruyere encima y hornear 15 minutos. Mientras está en el horno, freír los plátanos machos cortados en lonjas o rebanadas. Al sacar del horno, decorar el platón con los plátanos.

Sugerencia: Cuando esté lista la mezcla de arroz y salsas con huevos y crema, se llenan pequeños moldes o *ramequins* y alrededor se colocan 2 tiras de plátano frito.

Hornear unos minutos. Servir.

****

ARROZ MASALA BHAT

(Receta de la India)

Colocar sobre una charola para horno 2 cucharaditas de granos de pimienta entera, 2 cucharaditas de granos de cardamomo y 1/2 cucharadita de clavos de olor enteros. Hornear las especias a calor muy suave en el horno durante media hora, moviendo frecuentemente. Pasar las especias a una licuadora (o molino para café) y pulverizarlas.

En una sartén verter ¼ taza de aceite de cacahuate y freír 2 tazas de arroz de grano largo y la mezcla de especias. Agregar 4 tazas de agua hirviendo y sal al gusto. Cocinar el arroz 5 minutos a fuego fuerte hasta que la mayor parte del agua se haya absorbido. Pasar el arroz a un molde refractario y hornear a calor mediano, tapado, durante 15 minutos o hasta que esté tierno. Agregar 3 cucharadas de jugo de limón, revolver suavemente con un tenedor, sin batir. Adornar con nueces de la India, salteadas en aceite de cacahuate, también coco rallado y cilantro fresco picado.

****

ASPIC DE MADEIRA

En una olla pequeña mezclar 5 tazas de caldo de pollo frío (un buen caldo de pollo hecho en casa) o caldo de carne, con 2 jitomates pelados y picados, ¼ taza de cebollas de rabo picadas, 2 cucharadas de grenetina en polvo, 2 cascarones de huevo desmenuzados y dos claras de huevo ligeramente batidas. Añadir ¼ cucharadita de estragón seco y sal y pimienta al gusto. Calentar esta mezcla a fuego mediano, moviendo constantemente, hasta que llegue al punto de ebullición. Bajar el calor y cocinar durante 15 minutos sin que llegue a hervir. Pasado este tiempo colocar un tazón y encima una coladera forrada con una tela especial para colar caldos – puede ser la llamada "manta de cielo"- verter el caldo. Añadir 2 cucharadas de vino de Madeira. Para servir este áspic picado para adornar platones, se vierte el líquido dentro de un molde rectangular, se mete al refrigerador y se deja cuajar. Para barnizar pescados, huevos y patés, se refrigera un poco y cuando esté espeso pero no totalmente cuajado, se barniza la pieza señalada con una brocha de cocina. Esto se hace varias veces para que la capa quede gruesa. Salen 4 tazas.

****

ASPIC SIMPLE

Se trata de una gelatina hecha a base de caldo (también llamado *fumé*) de pollo o de pescado y grenetina sin sabor. El aspic sirve para una variedad de platillos, desde el recubrimiento de una galantina o paté hasta el mismo aspic solo picado en cuadritos, para adornar platos fríos.

Retirar la grasa de un buen caldo de pollo que haya estado en el refrigerador toda la noche. En una olla mezclar el caldo con algunos cascarones de huevo desmenuzados y dos claras de huevo batidas ligeramente, 2 échalotes o cebollas de rabo picadas, 1 jitomate sin piel ni semillas, 1 cucharadita de estragón en polvo y sal y pimienta si hace falta. Hervir esta mezcla y bajar el fuego para dejar cocinar, sin mover, durante 20 minutos.

En un recipiente pequeño disolver 1 ½ cucharadas de grenetina en polvo, sin sabor, en 1/3 agua fría para que suavice y luego en seguida verter al caldo para que termine de disolverse. Colar el aspic sobre un tazón o un molde y antes de que cuaje por completo usarla para barnizar un paté hecho en casa o una mousse de pescado, o dejarla en una charola no muy profunda para luego cortarla en cuadritos. También se puede utilizar para hacer Huevos Poché en Gelée. Se preparan los huevos poché y se pasan con cuidado a los recipientes pequeños como para gelatinas (pequeños timbales) y se llenan con el aspic cuando haya enfriado, pero que no cuaje todavía.

****

"B"

BABÁ DE FRESAS *(Este es un postre típicamente francés)*

Batir 4 yemas con 8 cucharadas de azúcar hasta blanquear. Incorporar 10 cucharadas de harina, 8 cucharadas de leche, 4 cucharaditas de Royal y las claras batidas a punto de merengue. Mezclar perfectamente de manera envolvente para que no se bajen las claras. Verter esta masa a un molde para *babá* bien engrasado con mantequilla y hornear 10 a 20 minutos a calor suave (170°C).

Aparte, preparar medio kilo de fresas o frambuesas (el *babá* original lleva 'fresas del bosque' que se dan en Francia). Salpicarlas de azúcar y mojarlas con un poco de Kirsch.

Desmoldar el *babá*, enfriar y separar la mitad horizontalmente. Aplastar la mitad de las fresas con un tenedor, añadir crema fresca al gusto, agregar un poco más de azúcar y cubrir la mitad del pastel. Colocar la tapa de encima del pastel. Barnizar todo el pastel con mermelada de chabacano o frambuesa ligeramente diluida en un poco de agua y puesta al fuego a entibiar. Adornar con las fresas restantes y crema Chantilly o servir con helado de vainilla.

****

BACALAO DE LOS MINEROS

(Receta brasileña)

Remojar medio kilo de bacalao seco en agua fría, a cubrir. Cambiar el agua varias veces durante 24 horas. Escurrir. Retirar cualquier espina, hueso o piel. Secar el bacalao con toallas de papel y cortar en pedazos de 5cm. En una sartén grande agregar 3 cucharadas de aceite de oliva y saltear una cebolla picada, 1 chile rojo sin semillas y picado, 1 diente de ajo aplastado y ¼ de taza de perejil picado. Cuando la cebolla se haya suavizado agregar 5 tazas de col rebanada finamente, 3 jitomates sin piel y sin semillas, picados finamente, ½ taza de vino blanco seco, el bacalao y pimienta al gusto. Mezclar todo y cocinar, parcialmente tapado, durante 10 a 15 minutos a fuego suave. Revisar si la col está tierna y el bacalao se desprende fácilmente con el tenedor. Para 4 personas.

****

BARRIGA DE MONJA

(Postre brasileño)

En una sartén gruesa mezclar 1 taza de azúcar y ½ taza de agua. Cocinar a fuego suave, bajando los cristales que queden a los lados y hervir 2 minutos sin mover. Retirar del fuego y agregar ¾ taza de almendras molidas y ½ taza de pan molido o migas de pan frescas. Dejar en reposo cinco minutos, bien tapada. Luego, agregar 3 huevos y 6 yemas ligeramente batidas. Cocinar todo a fuego suave, moviendo constantemente, hasta que espese, pero que no hierva. Pasar la mezcla a un tazón. En otro sartén derretir 120gr de chocolate amargo, agregar 1 taza de leche y ½ taza de azúcar y cocinar hasta que quede suave. Mezclar la salsa de chocolate a la crema de huevo y dejar enfriar a temperatura ambiente.

****

BAVAROIS DE ALMENDRAS

En una sartén gruesa mezclar 2 yemas de huevo ligeramente batidas y ¼ taza de azúcar así como ¼ taza de almendras limpias picadas finamente. Agregar 1 taza de crema tibia y cocinar a fuego suave, sin dejar de mover, hasta que espese. No dejar hervir.

Retirar la sartén del fuego y agregar 1 cucharadita de grenetina previamente disuelta en 1 cucharada de agua fría, y seguir moviendo la mezcla hasta que se disuelva la grenetina. Añadir ½ cucharadita de extracto de almendra y enfriar un poco. Agregar 1 taza de crema espesa batida (crema para Chantilly) y las dos claras batidas a punto de turrón. Incorporar perfectamente. Pasar a un tazón. Decorar la *bavarois* con un poco más de crema Chantilly si se desea y con almendras tostadas, en rajitas.

****

BERENJENAS EN TODO SU ESPLENDOR

La berenjena, de la familia de las solanáceas, (*Solanum melongena L.*) es originaria de las zonas tropicales y subtropicales asiáticas. Se cultivó desde la antigüedad en la India, Birmania y China. También se cultivó en Egipto, desde donde fue introducida en la Edad Media a través de la Península Ibérica y Turquía, para posteriormente extenderse por el Mediterráneo y resto de Europa. En este continente, empezó a utilizarse más ampliamente en la gastronomía a partir del siglo XVII puesto que anteriormente se usaba en medicina para combatir inflamaciones cutáneas y quemaduras. Parece ser que su nombre procede del vocablo persa *badindjan*, que luego pasó al árabe.

****

BERENJENA AL HORNO

Barnizar con 3 cucharadas de aceite de oliva un plato refractario o molde para horno. Colocar en el fondo 2 tazas de cebolla en rebanadas muy delgadas y 3 dientes de ajo picados finamente o rebanados en hojuelas. Rociar con sal y pimienta.

Se utilizarán ocho berenjenas de tamaño chico. Empezando por la parte abajo del tallo, hacer tres cortes a lo largo de cada berenjena, dejando las rebanadas unidas al tallo. Rebanar en cuatro partes 6 jitomates pequeños y colocar una rebanada de jitomate entre cada rebanada de berenjena. Colocar las berenjenas sobre la cebolla, abriendo un poco cada rebanada para que se vea el jitomate. Verter ¼ taza de aceite de oliva. Rociar con perejil picado o albahaca fresca picada finamente y sal y pimienta al gusto. Hornear a calor fuerte durante 45 minutos o hasta que se vea que las berenjenas están suaves. Retirar el molde refractario del horno y dejar enfriar. Servir a temperatura ambiente. Este guiso se puede servir como primer plato.

****

BERENJENA A LA GRECA

Hervir durante 5 minutos, tres tazas de agua, ¼ taza de aceite de oliva, ½ cucharadita de cilantro, ¼ cucharadita de sal y un *bouquet garni* compuesto por una rama de tomillo, una de hinojo, una hoja de laurel y un tallo de apio. Pelar 2 berenjenas grandes y cortarlas en cuadritos. Agregarlas al agua, junto con ¼ taza de jugo de limón. Cocinar durante 10 minutos o hasta que esté suave la berenjena. Retirar. Hervir el líquido hasta que reduzca a una taza y bañar con esto las berenjenas. Enfriar y servir con rebanadas de limón y perejil picado.

****

BERENJENAS A LA PROVENZAL

Quitar los rabos de 3 berenjenas y cortarlas a lo largo en rebanadas. Hacerle unos cortes a cada una de las rebanadas (los cortes deben ser ligeros, evitar que se partan). Rociar con sal y dejarlas macerar sobre servilletas de papel durante media hora.

Aparte, en una sartén cocinar kilo y medio de jitomates pelados y picados, sin semilla, en un poco de aceite de oliva. Cocinar 10 minutos a fuego fuerte o hasta que el líquido se haya evaporado, reducir el fuego y seguir cocinando durante media hora, moviendo de cuando en cuando. Agregar

3 cucharadas de perejil picado, 2 dientes de ajo picados finamente, sal y pimienta al gusto. Mover esta salsa durante 10 minutos más. Mantener la salsa caliente.

Secar bien las rebanadas de berenjena con servilletas de papel y cocinarlas en una sartén (2 o 3 a la vez) en un poco de aceite de oliva, tapadas, agregando aceite si es necesario, hasta que estén doradas por ambos lados. Escurrir las rebanadas y arreglarlas en un platón que se ha entibiado ligeramente. Checar si necesitan sal y pimienta, y cubrirlas con la salsa.

****

BERENJENAS BABY

Cortar el rabito de 6 berenjenas miniatura. Hacer una perforación desde esa parte, como si fuera una manzana, sin que se pase al otro lado. Sacar un poco de pulpa del interior. Rociar con sal y dejar en maceración media hora. Enjuagar y secar muy bien. Dorarlas en un poco de aceite de oliva, a fuego lento, hasta que se sientan suaves. Retirarlas de la sartén. Rellenar con ricotta (requesón) o champiñones o lo que se quiera. Acomodar en un platón refractario. Bañar con salsa de jitomate y queso parmesano, y meter a calentar al horno.

****

BERENJENAS ESTILO LIBANÉS

Limpiar 6 berenjenas chicas con trapo húmedo, cortar los tallos y hacer 4 o 5 cortes en cada una, de arriba a abajo, sin llegar a rebanarlas completamente.

Rociar los cortes con sal y colocarlas en una coladera para que escurran los jugos. De preferencia, poner un plato pesado sobre de ellas y dejar media hora.

Dorar 4 cebollitas picadas en 1/4 taza de aceite de oliva. Agregar 4 jitomates pelados y picados, 1 cucharada de perejil picado, 2 dientes de ajo aplastados, media cucharadita de pimienta gorda, sal y pimienta al gusto. Cocinar 5 minutos o hasta que esté ligeramente seco. Agregar 1/4 taza de pasitas remojadas previamente en agua caliente y escurridas. Limpiar el exceso de sal de las berenjenas y saltear a fuego suave en un poco de aceite de oliva, tapadas, por 15 minutos, volteando de vez en cuando.

Rellenar con la pasta de jitomate en los cortes de las berenjenas y pasar a un molde refractario. Incorporar media taza de jugo de jitomate colado y 1/4 taza aceite de oliva. Hornear 30 minutos a calor moderado.

Servir, de preferencia, frías al día siguiente, acompañadas de ensalada, o calientes, con arroz.

****

BERENJENAS GRATINADAS

Pelar dos berenjenas grandes y cortarlas en rebanadas. Rociarlas con sal y dejarlas una hora para que suelten el agua. Enjuagar para retirar la sal y secar con trapo una por una. Enharinarlas. En una sartén, dorarlas en aceite de oliva por los dos lados. Arreglar las rebanadas en un plato refractario ovalado o redondo.

Aparte, batir dos huevos con media taza de crema ligera y sazonar con sal y pimienta. Verter esta mezcla sobre las rebanadas y hornear durante 20 minutos o hasta que cuajen los huevos. En seguida, agregar al plato refractario una taza de salsa de tomate estilo italiano, cubrir con pan molido y queso parmesano rallado fresco. Volver a meter al horno solo para gratinar. Para servir, adornar con perejil o albahaca picada.

****

BERENJENAS RELLENAS DE CHAMPIÑONES

Cortar por la mitad, a lo largo, dos berenjenas grandes y hacerles varios cortes en la carne. Rociar con sal y dejar reposar media hora para que se les salga el agua (que es lo que amarga). Secar las mitades con un trapo y dorarlas en una sartén grande, en aceite de oliva, boca abajo, cubiertas, durante 8 minutos. Voltearlas y dorarlas 8 minutos más. Sacar toda la pulpa, sin estropear la piel.

Aparte, saltear 1 taza de cebolla picada y 2 dientes de ajo, en media barrita de mantequilla. Agregar 1 ½ tazas de champiñones picados, 1 ½ cucharadas de perejil picado, sal y pimienta al gusto.

Preparar una salsa blanca (béchamel). Con una pizca de cayena, su sal y pimienta. Agregar los hongos a la béchamel, la pulpa de las berenjenas, queso parmesano y rellenar las pieles de las berenjenas. Colocar en un refractario, rociar con pan molido mezclado con queso parmesano y pedacitos de mantequilla suave. Hornear 15 minutos y luego ponerlas en el asador para que gratinen de arriba. Sirve 4 personas.

****

"CAPONATA" DE BERENJENA

Pelar 5 berenjenas medianas, cortarlas en cuadros grandes y rociarlas con sal. Colocarlas en un colador con un peso encima para que suelten el agua amarga que contienen. Dejar media hora. Enjuagar el exceso de sal, secar los cuadros con toallas de papel y saltearlas en media taza de aceite de oliva. En otra sartén freír una cebolla mediana, picada, en 2 cucharadas de aceite de oliva, hasta que se vean suaves. Agregar ¾ de taza de puré de jitomate y 2 cucharadas de azúcar. Cocinar 5 minutos o hasta que tome un color más oscuro.

Mientras cocina esto, hervir 3 tallos de apio picados, durante 5 minutos, en agua con sal, junto con ¼ taza de aceitunas negras picadas, 3 cucharadas de perejil picado, 2 cucharadas de alcaparras, 4 filetes de anchoa picados y sal y pimienta al gusto.

Añadir 2 cucharadas de vinagre de vino tinto a las cebollas y cocinar otros 2 minutos. Agregar la berenjena que ya estará ligeramente dorada, y el apio y demás ingredientes que hirvieron aparte. Pasar a un plato hondo, refractario y refrigerar por lo menos 4 horas antes de servir. La *caponata* puede servirse como primer plato o como una entrada completa, agregándole carne de langosta o atún.

****

"CAVIAR" RUSO DE BERENJENA

Hornear una berenjena grande (que pese medio kilo) durante una hora. El horno debe estar muy caliente. Cuando la piel se vea arrugada y tostada eso nos dice que la pulpa ya estará suave. Sacar la berenjena y enfriar.

En una sartén saltear una cebolla mediana, picada, en 3 cucharadas de aceite de oliva, durante unos minutos o hasta que se vea transparente. Añadir 1/3 taza de pimiento verde picado y dos dientes de ajo finamente picados. Cocinar la mezcla a fuego suave, moviendo hasta que los vegetales estén suaves.

Quitar la piel de la berenjena y picarla finamente. Pasar a un tazón. Incorporar la mezcla de cebolla y agregar media taza de jitomate sin piel, sin semillas y picado y sal y pimienta al gusto.

En una sartén calentar 2 cucharadas de aceite de oliva y saltear la mezcla de berenjena. Hervir, bajar el fuego y tapar. Cocinar, moviendo de vez en cuando, durante una hora. Retirar la tapa y seguir cocinando otros 30min o hasta que esté bien espeso. Añadir 1 cucharada de jugo de limón y probar si le hace falta sal o pimienta. Pasar a un tazón y cubrir. Enfriar. Para servir, embarrar este "caviar" sobre rebanadas delgadas de pan o galletas saladas.

****

ENCURTIDO DE BERENJENA

En una sartén derretir 2 cucharadas de mantequilla junto con 3 cucharadas de aceite. Añadir una berenjena grande, pelada y cortada en cubos, más 3 cucharadas de cebolla picada, 2 dientes de ajo aplastados, 1 cucharadita de sal y 1 cucharadita de albahaca picada. Cocinar a fuego mediano, volteando la berenjena con una espátula. Agregar media taza de yogurt y media taza de crema ácida. Enfriar el encurtido. Antes de servir, agregar media taza más de yogurt o un poco más de crema. Rociar con perejil picado.

****

ENSALADA DE BERENJENA Y JITOMATE

Pelar una berenjena grande (que pese casi 1 kilo) y cortarla en rebanadas gruesas. Barnizar la superficie de cada rebanada con aceite de oliva y colocarlas en una charola. Asarlas en el asador volteándolas una vez para obtener un color café homogéneo, que estén suaves, pero que mantengan su forma. Enfriar. Cortar las rebanadas en cuatro y mezclar en un tazón con 2 jitomates grandes sin piel y sin semillas, cortados en cubos. Añadir ¼ taza de perejil y ¼ taza de menta fresca, ambos picados, así como ¾ taza de cebollas de rabo (rabo y parte blanca). Agregar aderezo: 3 cucharadas de jugo de limón, 5 cucharadas de aceite de oliva, 1 cucharadita de sal y un pequeño diente de ajo prensado. Mezclar y bañar la ensalada.

****

ENSALADA DE PULPA DE BERENJENA

Picar con un tenedor una berenjena grande (casi 1 kilo). Ponerla a hervir al vapor dentro de una coladera o dentro de algún recipiente especial para cocinar al vapor. Dejarla 45min o hasta que esté suave. Enfriar un poco para retirar el rabo y la piel. Sacar la pulpa y picarla no muy fino. Colocar la berenjena picada en un tazón, agregar: 1 cucharada de azúcar mascabado, 1 cucharada de vinagre, 1 cucharada de aceite de cacahuate o ajonjolí (comprado en tiendas orientales), 1 diente de ajo finamente picado, 2 rebanadas de jengibre fresco sin piel, finamente picado y ½ cucharadita de sal. Mezclar todo bien y enfriar la ensalada, tapada, por lo menos 3 horas para servir fría.

****

SALSA DE BERENJENA ESTILO LIBANÉS *(Hunkar Begendi)*

Esta salsa suele servirse con pollo o pescado ahumado.

Asar 3 berenjenas medianas con todo y piel. Ya que están suaves y se abrió la piel, pelarlas y colocar la pulpa en una sartén esmaltada. Agregar 1 cucharada de jugo de limón y cocinar a fuego suave unos minutos. Aparte, derretir 4 cucharadas de mantequilla y añadir 4 cucharadas de harina a que dore un poco. Batir esta mezcla a la pulpa de berenjena. Añadir poco a poco varias cucharadas de leche y seguir batiendo hasta que semeje un puré de papa. Por último, agregar varias cucharadas de queso rallado y cocinar dos minutos más. Servir de inmediato.

****

TIMBAL DE BERENJENAS Y CALABACITAS

Rallar kilo y medio de calabacitas frescas. Rociarlas con sal y mezclar bien. Dejar en reposo media hora para que suelten el agua. Escurrir y secar con una servilleta para eliminar toda el agua. Poner aparte.

Quitar las orillas de dos berenjenas (que pesen kilo y ¾) dejando una rebanada de la orilla para colocar en el fondo del molde. Cortarlas a lo largo en rebanadas delgadas. Enharinar las rebanadas. Calentar ¼ taza de aceite en una sartén grande y freír las rebanadas sólo a quedar ligeramente doradas, no demasiado fritas para que no se ablanden demasiado. Retirar la grasa con servilleta de papel y enfriar.

Engrasar un molde para suflé y colocar la tapa de la berenjena que se apartó y sobre ésta empezar a colocar las berenjenas traslapadas en círculo a que cubran el fondo y los lados (la tapa que se coloca en el fondo es para evitar que se queme la parte de las berenjenas que permanece en el fondo). Apartar una pocas para cubrir el molde.

En un tazón mezclar las calabacitas, 6 huevos ligeramente batidos, sal y pimienta al gusto. Llenar con esto el molde. Cubrir con el resto de las berenjenas. Colocar el molde dentro de otro que contenga agua caliente. Hornear 45 minutos. Retirar el timbal del agua y dejar en un lugar tibio durante 15 minutos para que cuaje bien. Desmoldar sobre el platón de servicio.

En una sartén con aceite verter 6 jitomates sin piel y sin semillas, picados. Cocinar hasta que espese la salsa. Pasar por coladera y regresar a la sartén. Agregar ¼ taza de crema y 2-3 cucharadas de mantequilla. Incorporar 1 taza de *ricotta* (requesón), ¼ taza de queso parmesano rallado y ¼ taza de queso Gruyère rallado. Calentar suavemente sin que hierva. Bañar el timbal con la salsa o presentarla aparte.

Hasta aquí las recetas con berenjenas.

****

BETUNES Y COBERTURAS PARA PASTELES

(Para poner entre capa y capa, y para decorar)

BETÚN DE CHOCOLATE

Batir 500gr de mantequilla muy fresca y agregar ½ taza de azúcar. Aparte, batir dos claras de huevo a punto de merengue y añadirles 1 taza de azúcar glass. Mezclar dos cuadros de chocolate amargo Baker's derretidos en baño maría (o 60gr de un buen chocolate semi amargo para repostería) y combinar todo, añadiendo más azúcar glass si necesita. Aromatizar con 1 cucharadita de vainilla o canela en polvo, brandy o ron.

****

BETÚN MOKA

¾ taza de café fuerte mezclado con ¾ taza azúcar. Hervir hasta que se forme una miel. Derretir 90gr (3 onzas) de chocolate semi amargo. Agregar 1 cucharadita de mantequilla y mezclar todo. Verter sobre el pastel de inmediato.

****

CREMA DE CHOCOLATE PARA CUBRIR PASTELES

200gr chocolate fundido (que el recipiente no toque el agua ni que ésta hierva). Agregar 1/3 taza de café fuerte y 6 cucharaditas de azúcar. Mezclar. Añadir 3 cucharadas de crema dulce espesa (batida como Chantilly). Enfriar unos minutos y agregar 40gr de mantequilla. Bañar los pasteles o bocadillos.

****

FONDANT

En una cacerola pequeña incorporar 1 kilo de azúcar y mojarlo con un poco de agua. Cocinar a fuego suave. Cuando haya disuelto el azúcar subir el fuego a que hierva y poco a poco ir limpiando las paredes de la olla con una brocha muy limpia (que se usa únicamente para hacer jarabe) mojada en agua.

En el momento en que tenga punto de bola se agrega el equivalente del tamaño de un huevo de glucosa. Retirar del fuego y verter sobre mármol mojado con un poco de agua. Dejar enfriar un poco y empezar a trabajar con una espátula, hasta que la mezcla se vuelva blanca. Pasar a un recipiente de cristal, tapar con un lienzo húmedo y refrigerar.

Este fondant se conserva así por mucho tiempo. Para utilizarlo sobre pasteles se saca un pedazo y se calienta a fuego suave perfumándolo con Kirsch o ron y poniéndole color vegetal al gusto. No debe calentarse demasiado porque se pone opaco.

****

GLASEADO SENCILLO PARA PASTELES Y PETITS FOURS

En una cacerola se disuelven 350gr de azúcar glass tamizada en 5 cucharadas de agua fría. Se mueve con cuchara de madera hasta obtener una crema blanda. Se pone a fuego lento unos minutos y se perfuma con algún licor o ralladura de limón/naranja. Se agrega color vegetal al gusto.

(Este glaseado puede usarse en pastelitos hechos con la siguiente masa Génoise o esponja: Batir 8 yemas con 10 cucharadas de azúcar y ½ cucharadita ralladura de limón. Incorporar las 8 claras batidas a punto de turrón y 1 taza de harina tamizada. (para hacer una masa extra se pueden agregar 2 cucharadas de mantequilla derretida después del harina). Mezclar todo y pasar a charola para galletas. Hornear a fuego lento 160°F durante 20-30 minutos. Al salir del horno partir a la mitad ya sea a lo largo o a lo ancho, cortar las orillas que estén duras, poner una crema pastelera sobre una de las mitades, cubrir y decorar con este glaseado.)

****

GLASEADO BLANDO DE LIMÓN PARA CUBRIR PASTELILLOS

Mezclar 150gr de azúcar glass tamizada con media clara de huevo ligeramente batida. Incorporar bien y perfumar con licor o ralladura de limón o naranja. Agregar color vegetal al gusto.

****

GLASEADO DE LIMÓN PARA CUBRIR UN PANQUÉ

Derretir 75gr de mantequilla (1/3 taza) en una sartén. Retirar. Agregar 2 tazas de azúcar glass y 2 o 3 cucharadas de jugo de limón. Batir fuertemente para que la pasta quede brillante. Se puede agregar 1 cucharadita de agua caliente para que la mezcla quede suave.

****

GLASS DE CHOCOLATE

Batir 100gr de mantequilla suave y añadir 250gr de azúcar glass. Seguir batiendo y agregar al último 50gr de chocolate amargo rallado, media cucharadita de vainilla y 1 copita de cognac. El chocolate rallado dará una vista jaspeada y si se derrite le dará el clásico color del chocolate.

****

GLASS DE MANTEQUILLA Y MOKA:

Batir 225gr de mantequilla muy fresca con 1 taza de azúcar glass hasta que esponje. Agregar 2 cucharaditas de extracto de café o 1 cucharadita de café instantáneo en polvo y 1 cucharada de cocoa.

****

MERENGUE ITALIANO

Poner al fuego en una ollita 1 taza de azúcar, 1/3 taza de agua y ¼ cucharadita de crémor tártaro. Hacer almíbar a punto de bola floja.

Batir 2 claras de huevo a punto de merengue e ir agregando el jarabe en un chorro delgado, sin dejar de batir, hasta que el merengue esté tibio y se haya incorporado todo el almíbar. Salen 2 tazas.

****

RELLENO BLANCO PARA PASTEL

115gr de mantequilla – 4 tazas de azúcar glass – 1 huevo – 1 cucharadita de vainilla – 3 cucharadas de leche

Batir la mantequilla con 2 tazas de azúcar glass. Agregar el huevo y la vainilla. Incorporar las otras 2 tazas de azúcar glass y la leche. Batir hasta obtener consistencia para rellenar y forrar el pastel. Apartar una taza de esta mezcla para el relleno y agregar almendras picadas, pasitas blancas picadas, dátiles picados (al gusto todo) y unas gotas de extracto de almendra. En vez de dátiles se pueden usar piñones.

Mezclar bien y rellenar el pastel. Colocar la otra mitad y cubrir con el resto del glaseado.

****

ROYAL ICING

Este glaseado real se seca rápidamente por lo que hay que tenerlo tapado con trapo húmedo.

Tamizar 4 tazas de azúcar glass. Mezclar 2 claras de huevo con el jugo de un limón y una tercera parte del azúcar ya cernido. Batir hasta que esté suave y cremosa la mezcla. Agregar el resto del azúcar poco a poco hasta que espese. Cubrir el pastel con una capa extendida con espátula de metal, mojada en agua caliente. Dejar secar y luego embarrar otra capa más gruesa. Se pueden agregar gotas de colorante natural.

Para hacer rosetas de decorado una vez que esté puesto el glaseado se usa una bolsa de repostería con duya de la forma deseada y se puede agregar más azúcar a la pasta.

Hasta aquí, las recetas de merengues y coberturas para pasteles y bocadillos dulces.

****

BIENMESABE *(postre antiguo)*

Se muelen en crudo 120gr de arroz con 2 litros de leche. Se agregan 8 yemas de huevo y azúcar al gusto (1 taza). Se pone a cocer hasta que hierva y se agrega ½ taza de almendras molidas. Cuando esté a punto, es decir, que haya espesado, (tarda 45 minutos aproximadamente) se agrega una cucharadita de canela en polvo y 2 cucharaditas de extracto de vainilla.

Se vacía sobre un platón y se sirve con "lenguas de gato".

Otra forma de presentarlo: colocar rebanadas de mamón sobre un platón, mojar con leche, verter una capa de Bienmesabe y repetir todo para terminar con una capa de Bienmesabe y rociar con canela en polvo.

****

BIZCOCHOS DE MANTEQUILLA

(Receta de 1897 del Convento de las Carmelitas Descalzas)

225gr mantequilla – 1 taza de azúcar – 12 huevos – 750gr harina tamizada con 1 cucharadita de bicarbonato, pizca de sal y 1 cucharada de crémor tártaro – 2 tazas de leche – 1 cucharada de Catalán (aguardiente de anís) o ron oscuro.

Batir la mantequilla con el azúcar hasta blanquear. Agregar uno a uno todos los huevos, sin dejar de batir. Incorporar la harina tamizada con el bicarbonato, sal y crémor tártaro, al tiempo que se va agregando la leche. Batir de nuevo durante dos minutos. Por último, agregar el licor de selección. Verter en moldecitos engrasados y enharinados o utilizar capacillos de papel. Hornear a calor mediano (180°C) veinte minutos o hasta que salga el palillo seco.

****

BIZCOCHOS DE PARIS

(Receta de un libro de cocina editado en 1917)

150 gr de azúcar – 200 gr de harina cernida – 25 gr de mantequilla derretida (hacer primero esto para que esté fría) – 10 huevos – ralladura de media naranja o de un limón entero.

En la batidora se vierten 8 yemas y 2 huevos enteros. Se añade el azúcar. Se baten los ingredientes 10 minutos o hasta que esponje mucho la mezcla y "haga ojos". Ya sin batir, se agrega la harina tamizada y se va envolviendo suavemente. Se incorpora la mantequilla derretida fría y por último, las claras batidas a punto de turrón. Envolver todo suavemente. Cuando esté bien incorporada la pasta se llenan los moldes para panquecitos o un molde grande para pastel. Hornear a calor mediano durante 20 minutos (siempre checar introduciendo un palillo para ver si está cocido). Esta masa es parecida al "pan de esponja" o *sponge cake*.

****

BOCADO DE DAMA *(Dulce del siglo XIX)*

250gr de almendras limpias – 450gr azúcar – 12 yemas – 250gr piña fresca

Licuar piña y almendras. Vaciar a una sartén honda. Agregar las yemas ligeramente batidas y coladas. Incorporar azúcar. Cocinar a fuego mediano hasta que tome el punto de cajeta.

Para este postre se debe tener paciencia y mover constantemente con una cuchara de madera. Cuando se vea el fondo del cazo ya está listo el postre.

****

BOLA DE QUESO CON CAVIAR 🔲 *(Botana Marusa – Ajusco 1997)*

750gr de queso crema tipo Filadelfia – 2 cucharadas de mayonesa – 2 cucharadas de leche – 1 cucharada de pasta de anchoa – 2 cucharadas de cebolla de rabo picada finamente – pimienta al gusto.

Colocar los ingredientes en la batidora y mezclar perfectamente. Pasar a un platón, formar una bola y cubrir encima con caviar. Servir con pan negro o galletas.

Se puede usar el caviar rojo japonés de pez vela para cubrir la bola entera o formar bolitas, revolcarlas en la hueva roja y colocarlas sobre tartaletas pequeñas.

****

BOLAS DE DÁTIL PARA NAVIDAD 🔲

Picar finamente medio kilo de dátiles muy frescos y revolverlos con 2 tazas de nueces molidas. Agregar pizca de sal y 2 cucharaditas de cáscara de naranja en dulce, picada finamente. Agregar una cucharada de Oporto para ayudar a formar una masa. Hacer bolitas. Revolcarlas en azúcar glass.

Nota: también se pueden formar rollos para darlos de regalo en Navidad. Los rollos miden 20cm de largo aproximadamente.

****

BUDÍN DE CALABACITAS

Rallar suficientes calabacitas crudas a llenar 3 tazas. Batir 100gr de mantequilla, 6 huevos y ½ taza de azúcar. Agregar 1 queso crema tipo Filadelfia de 180gr y 1 cucharadita de levadura en polvo (Royal). Mezclar esto a las calabacitas. Incorporar todo muy bien. Engrasar un molde refractario y verter la mezcla. Hornear 20 minutos o hasta que haya cuajado.

****

BUDIN DE ELOTE Y QUESO CHEDDAR

Preparar una salsa bechamel con ¼ taza de mantequilla. Cuando derrita la mantequilla, agregar ¼ taza harina y cocinar un minuto. Añadir 1 ½ tazas de leche tibia, sin dejar de mover, para que no se hagan grumos. Cuando la salsa esté bien incorporada, retirarla del fuego y agregar 1 ½ tazas de granos de elotes raspados a formar una leche espesa (es mejor no rebanarlos de la mazorca para que no queden demasiados hollejos). En seguida incorporar 1 ½ tazas de queso Cheddar fuerte, 1 taza de migas de pan fresco, puede ser la miga de una baguette fresca o de bolillos frescos), 4 huevos batidos, 1 cucharadita de mostaza Dijon, ½ cucharadita de azúcar y sal y pimienta al gusto. Verter la mezcla a un molde embarrado con mantequilla. Colocar el molde sobre otro más grande que contenga agua caliente y hornear a fuego lento durante una hora o hasta que al probar con un palillo éste salga seco. Servir de inmediato.

****

BUDÍN DE ELOTE Y ZANAHORIA MARUSA 🖳

Desgranar 4 elotes y molerlos en crudo con un poco de leche – 4 zanahorias cocidas y molidas – En un tazón mezclar 80gr de mantequilla suave, ½ taza de azúcar, ½ cucharadita de sal – ½ cucharadita de canela en polvo – pizca de cardamomo – 1 cucharadita de extracto de vainilla – 2 huevos batidos – 2 cucharadas de harina de arroz – 1 cucharadita de levadura en polvo (Royal). Agregar el elote licuado y las zanahorias. Incorporar todo muy bien y volcar a un molde rectangular. Hornear a calor mediano 40 min o hasta que el palillo de prueba salga seco.

****

BUDIN DE PESCADO 🖳

500gr de pescado blanco (huachinango, robalo, lenguado o perca) - 1 taza de crema espesa - 2 cucharadas de perejil picado – 2 claras de huevo – sal y pimienta blanca al gusto – 100gr de champiñones guisados en mantequilla

Moler el pescado en molino o en la procesadora. Agregarle la crema, sal y perejil picado. Incorporar las claras batidas a punto de turrón y 1 taza de champiñones finamente picados, previamente guisados en un poco de mantequilla. Verter la pasta en un molde de rosca (o cualquier otro, al gusto) embarrado con mantequilla. El molde debe estar ¾ partes lleno. Poner a baño maría y hornear a calor suave una hora.

Servir con una salsa de jitomate picante (con chiles serranos o chiles poblanos).

****

"C"

CALABACITAS AL HINOJO 🔤

1 kilo de calabacitas - 1 cucharada de sal -1 cebolla picada - 6 cucharadas de mantequilla clarificada (*) - ¼ taza de agua - 2 cucharadas de eneldo o hinojo fresco picado (o deshidratado) -1 cucharada de azúcar - gotas de limón (al gusto) – sal, para sazonar al último - ½ taza de crema - 2 cucharaditas de harina

Cortar las calabacitas en cubos, rociarlos con la cucharada de sal y dejarlos reposar una hora para que suelten el agua. Escurrir y secar muy bien con una toalla de papel. En una sartén, saltear la cebolla en mantequilla clarificada. Cuando esté transparente la cebolla, añadir las calabacitas y el agua.

Cocinar las calabacitas, cubiertas, hasta que empiecen a suavizarse.

Aparte, mezclar la crema con la harina. Agregar a las calabacitas y cocinar esta mezcla a fuego suave, moviendo durante 5 minutos. Añadir el eneldo o hinojo picado, rectificar la sal, incorporar el jugo de limón y el azúcar.

Servir como guarnición para pescados o aves, o solas en una comida vegetariana.

(*) La mantequilla clarificada es muy práctica en la cocina ya que no se quema al calentarse en la sartén. Poner un paquete de 225gr de mantequilla muy fresca en una olla pequeña y derretirla a fuego muy suave, cuidando que no hierva. Cuando esté totalmente derretida, seguir cocinando 10 minutos más a fuego muy lento. Retirar la espuma que aparezca en la superficie. Vaciar a un recipiente de vidrio y enfriar. Meter luego al refrigerador. Posiblemente quede una pequeña película blancuzca al fondo del recipiente que contiene restos de suero de la leche. Se debe descartar esta parte. Es bueno tener siempre una cantidad de mantequilla clarificada en el refrigerador para toda clase de alimentos fritos o guisados. Se conserva casi indefinidamente si se mantiene en refrigeración.

****

CALAMARES CON SALSA DE JITOMATE

Lavar perfectamente y retirar la parte dura de 4 calamares, rebanarlos en anillos delgados y secarlos. En una sartén saltear los calamares en 3 cucharadas de aceite de oliva por 3 minutos. Agregar 3 jitomates medianos pelados, sin semilla y picados, 1 taza de vino blanco seco, 2 dientes de ajo aplastados, 2 chiles secos rojos pequeños, 1 ½ cucharadas de pasta de anchoas, 1 cucharada de perejil fresco picado, media cucharada de albahaca fresca picada y 1 cucharadita de orégano fresco o seco. Cocinar la mezcla a fuego lento, moviendo de vez en cuando, durante 1 hora o hasta que la salsa esté espesa y la carne del calamar muy tierna. Retirar los chiles. Sirve para 4 personas.

****

CALDO DE CAMARÓN

Este caldo revive a cualquier desvelado con resaca, pero también da mucha energía si se sirve al inicio de la comida. Cada hogar tiene su estilo propio pero generalmente se usan los mismos ingredientes que aparecen aquí.

Remojar en agua caliente medio kilo de camarones secos. Al cabo de un rato, pelarlos y conservar el agua del remojo. Hervir dos tazas de nopalitos.

Aparte, hervir 3 zanahorias y ¼ kilo de papitas cambray.

Freír medio kilo de jitomate molido con ajo y cebolla. Agregar el caldo del camarón colado, los camarones limpios, las papitas y zanahorias picadas, algunos rabos de cebolla y un chile pasilla frito y desmenuzado. Rectificar de sal, añadir pimienta al gusto y terminar con un poco de orégano seco desmenuzado.

****

CAMARONES CON GABARDINA A LA MAYONESA VERDE

En un tazón mezclar media taza de harina con media cucharadita de sal y una pizca de pimienta. Agregar 2 huevos bien batidos y batir la mezcla hasta que quede tersa. Incorporar 1 cucharada de aceite de oliva y ¼ taza de agua. Dejar reposar la pasta media hora. Limpiar y quitar los intestinos a medio kilo de camarones grandes. Pasarlos por esta mezcla y freír 3 o 4 a la vez en suficiente aceite caliente, hasta que tengan una costra crocante y dorada. Escurrirlos sobre toallas de papel. Ponerlos en un montículo sobre el platón de servicio. Adornarlos con rebanadas de limón y perejil picado. Servirlos con la mayonesa verde por separado. Para 4 personas.

Mayonesa Verde: lavar 10 hojas de albahaca fresca y picar finamente. Pasar a licuadora y agregar 2 cucharadas de espinacas cocidas, 1 taza de mayonesa rápida hecha en casa y un poco de jugo de limón. Encender el motor unos segundos. Pasar por tamiz. Servir en un tazón. Estos camarones también pueden servirse con aiolí o salsa tártara (mayonesa con aceitunas, alcaparras, cebollita de cambray y huevos duros, todo picado finamente – también se puede agregar un pepinillo en salmuera).

****

CAMARONES CON SALSA DE COCO *(Cocina Hindú)*

Licuar 3 tazas de coco fresco rallado con 1 ¼ tazas de agua caliente. Debe quedar una pasta. Pasar esta mezcla por tamiz forrado con manta de cielo doble y exprimir para que salga todo el líquido. Regresar el coco a la licuadora y agregar otra taza y cuarto de agua caliente. Licuar unos segundos y volver a pasar por la manta de cielo, a otro tazón.

En un tazón pequeño mezclar 1 cucharada de harina de arroz con ¼ taza del líquido (del primer tazón) a formar una pasta. Añadir esta pasta al líquido del segundo tazón.

En una sartén grande calentar 1/3 de taza de aceite vegetal y saltear 2 cebollas partidas a la mitad, a lo largo, y luego rebanadas en "plumitas". Agregar un pedazo de jengibre fresco rallado y dos chiles serranos, sin semillas, rebanados en aros delgados. Saltear todo por un minuto. Agregar 1 kilo de camarones limpios y desvenados. Mover todo para que los camarones se impregnen de los sabores. Incorporar 1 taza de coco fresco rallado, 1 cucharada de semillas de cilantro molidas, un poco de sal y pizca de cúrcuma. Agregar la mezcla que tiene la harina de arroz y cocinar a fuego suave por un minuto o hasta que espese la salsa. Añadir el resto del líquido de coco y cocinar unos minutos más. Servir con arroz.

****

CAMARONES CON TEQUILA 🖵

(Esta receta original la preparé en San Andrés Totoltepec 1985)

En una sartén grande saltear 1 kilo de camarones crudos, pelados, limpios de intestinos, en 1 cucharada de mantequilla y 3 cucharadas de aceite de oliva, junto con 2 dientes de ajo prensados y 2 cucharadas de cebolla rallada. Agregar 1-2 chiles serranos finamente picados, sal y pimienta al gusto. Flamear con ¼ taza de Tequila.

Salsa: derretir 50gr de mantequilla (media barrita), agregar 1 cucharada de Maizena, 1 cucharadita de concentrado de camarón (producto chino o mexicano), 1 taza de crema, 2 yemas, un poco de jugo Maggi y ¼ taza de Tequila. Espesar. Verter sobre los camarones para calentar (no debe hervir).

Servir con arroz blanco o *pasta* al dente con mantequilla.

****

CAMARONES STROGONOFF

En una sartén grande saltear ¼ taza de cebolla picada en media barrita de mantequilla. Cuando esté suave la cebolla agregar 750gr de camarones limpios sin cascarón ni intestinos. Saltear unos minutos hasta que se vean color de rosa. Pasar la mezcla a un platón caliente y mantener tibios. Agregar a la sartén 250gr de champiñones cortados en 4 y 1 cucharada de mantequilla. Saltear los champiñones a fuego mediano hasta que queden dorados. Rociar los champiñones con una cucharada de harina y cocinar 2 minutos más. Bajar el fuego y añadir los camarones más 1 ½ tazas de crema espesa, 1 cucharadita de sal y pimienta al gusto. Cocinar, moviendo, unos minutos sin dejar que hierva el guiso. Servir sobre arroz al azafrán y corazones de alcachofa. Receta para 4 personas

****

CARNE MOLIDA ESTILO CHINO

250gr de carne molida de res – 125gr de carne molida de cerdo – 2 cucharadas de jengibre fresco picado finamente – 2 cucharadas de cebolla de rabo picada – vino para cocinar chino o vino blanco – aceite de ajonjolí – salsa soya – 1 cucharada de azúcar mascabado – pimienta –

En un tazón grande mezclar las carnes, el jengibre, la cebolla de rabo, un poco de pimienta recién molida, el azúcar mascabado, un poco de sal, una cucharadita de aceite de ajonjolí, un chorro de salsa soya y un chorro de vino chino. Mezclar bien. Formar pequeñas albóndigas. Pasarlas por harina. Freír en el wok con aceite vegetal. Retirar a un plato con servilleta de papel.

En una olla o sartén grande tener ya guisada una salsa de jitomate al gusto. Agregar las albóndigas y un puño de col china finamente rebanada. Tapar. Cocinar 15 minutos a fuego suave.

****

CEVICHE COSTEÑO

1 kilo de pescado blanco picado crudo – 1 kilo de aguacates – ¾ kilo de jitomates pelados y picados – 1 cebolla mediana – chiles jalapeños encurtidos o chile serrano picado – 20 aceitunas deshuesadas y picadas – 10 limones – 1 rama de cilantro fresco - orégano seco desmenuzado – sal al gusto

En un recipiente hondo de cristal colocar el pescado con la sal y el orégano seco. Verter el jugo de los limones. Reposar máximo 30 minutos. El pescado debe quedar cocido en el jugo de los limones. Escurrir el jugo. Picar finamente el resto de los ingredientes y mezclar. El aguacate se parte en pedazos más grandes para que no se deshaga al tiempo de revolver. Reposar 15 minutos. Servir sobre tostadas (tortillas fritas) o acompañado de galletas saladas.

****

CHAMPIÑONES A LA CREMA

Limpiar ¾ kilo de champiñones frescos con un trapo húmedo y retirar los tallos. En una sartén grande saltearlos en 50gr de mantequilla a fuego fuerte hasta que estén suaves y dorados. Añadir 3 cucharadas de Madeira y reducir a la mitad. Agregar media taza de crema fresca espesa y dejar que reduzca. Agregar otra media taza de crema y cocinar 5 minutos. Retirar del fuego y rociar con unas gotas de limón, sal y pimienta al gusto.

****

CHAMPIÑONES MARINADOS

Limpiar medio kilo de champiñones grandes y retirar los tallos. Rebanar todo muy delgado y colocar en un tazón con 1 cebolla chica y 2 échalotes, ambos picados finamente, así como 2 cucharadas de cebollín picado. Preparar la vinagreta: en un tazón pequeño mezclar 2/3 taza de aceite de oliva y ¼ taza de vinagre de estragón o vinagre blanco. Agregar 1 diente de ajo aplastado y 1 cucharada de ralladura de limón. Mezclar. Verter la marinada sobre los champiñones y meter a refrigerar por una hora. Rociar los champiñones con perejil picado y servir acompañados de pan negro con mantequilla. Servir como primer plato.

****

CHILEATOLE ROJO

(Cocina típica veracruzana, especialidad de Orizaba)

6 elotes - 250gr de camarón seco – 3 chiles guajillo – 1 rama de epazote – 6 chiles verdes frescos (serranos) – un poco de masa (del tamaño de un limón) disuelta en media taza de agua

Los chiles se hierven con un poco de agua y se muelen. Al camarón seco se le quita la cabeza y la parte dura de su caparazón y se ponen a hervir para que suelten su sabor. Después, se cuela el agua, se apartan los camarones enteros y en el agua se ponen a hervir los granos de elote y el chile molido, un poquito de masa disuelta en agua, para que espese, y sal al gusto. Agregar la rama de epazote.

Los camarones secos, limpios, se añaden cuando los granos de elote estén tiernos.

****

CHILES EN NOGADA

(Cuenta la historia que este platillo nació en un convento de la ciudad de Puebla. La monjita que lo creó utilizó los colores de la bandera: verde, por el chile y el perejil, blanco por la salsa de nuez llamada nogada y rojo por los granos de la granada. En México se da la nuez de Castilla en el mes de septiembre y es cuando se prepara este delicioso platillo).

12 chiles poblanos asados y limpios – 5 huevos – 3 cucharadas de harina – aceite para freír

Para el picadillo: 1 kilo de carne molida de res y puerco – 1 pedazo de acitrón picado – 1 taza de pasitas – ½ taza de almendras peladas y picadas – 2 huevos – 2 jitomates – consomé en polvo – 2 dientes de ajo – media cebolla chica picada - 1 plátano macho picado – la punta de un cuchillo de canela, clavo y pimienta en polvo – aceite -

Para la salsa: 1 taza de nueces frescas sin piel – 100gr de queso de cabra o requesón – crema no muy espesa – 1 cucharada de azúcar – sal y pimienta al gusto – Licuar todos los ingredientes a obtener una salsa ligeramente espesa. Se puede añadir un poco de leche para adelgazarla.

Para adornar: ½ taza de perejil picado – 1 granada roja desgranada

Los chiles poblanos ya limpios se dejan aparte. En seguida se prepara el picadillo. Freír la carne en aceite, se agrega el jitomate licuado con el ajo y cebolla. Se añaden las frutas y las nueces, especias, sal y pimienta. Guisar hasta que la carne esté cocida y bien sazonada la preparación. Rellenar los chiles, se cierran con cuidado, se pasan por harina y luego por huevo batido (las claras a punto de merengue y luego mezcladas con las yemas) para rebozar. Freír, escurrir sobre papel absorbente. Bañar con la salsa y adornar con perejil picado y los granos de granada. Se pueden servir fríos o calientes.

****

CHILMOLE DE CUALQUIER DÍA

(Receta original cuando vivía cerca del Ajusco)

El vocablo chilmole o clemole se usa para distinguir una salsa menos espesa que un mole. El verdadero mole lleva una salsa suntuosa, como el mole poblano o los moles oaxaqueños algunos conocidos como mole negro o mole amarillito. El chilmole es más ligero.

Tostar, retirar semilla y remojar 4 chiles guajillos. Hervir 10 tomates verdes (tomatillo).

En una cazuela bien curtida dorar en manteca de cerdo kilo y medio de pulpa o lomo de puerco con costilla o solo, al gusto. Agregar a la carne una cebolla rebanada en plumas. Cuando esté bien sancochado, verter media taza de tequila y flamear. Cuando se consuma el fuego, añadir una taza de agua o caldo, los chiles molidos con los tomates (colados) y dos o tres ramas de cilantro. Sazonar con sal, pimienta y comino, una cucharada de azúcar y una hoja Santa (Acuyo) desmenuzada. Cocinar a fuego mediano hasta que la carne esté tierna. La salsa debe quedar ligera. Agregar más caldo si lo necesita.

Se pueden agregar chayotes cocidos y picados, ejotes o calabacitas. Se puede remplazar pollo por la carne de cerdo. Para servir se acompaña con frijoles negros bien guisados.

****

CLEMOLE (*cocina mexicana tradicional*)

Esta salsa picante tiene varios usos. La receta que doy puede terminarse agregando carne de cerdo o pollo hervida, frita y desmenuzada, para hacer tacos o servida con frijoles refritos.

1 kilo de lomo de cerdo hervido en agua con un diente de ajo, una cebolla en cuarterones, granos de pimienta gorda y pimienta negra, una hoja de laurel y sal al gusto. Ya que esté tierna la carne se rebana y el caldo se cuela.

Asar 5 chiles anchos, limpiar de semillas y remojar en agua caliente. Asar una cabeza entera de ajo y dos tortillas a quedar bien tostadas. Las tortillas se ponen a remojar. Aparte, hervir 8 a 10 tomates de cáscara (tomatillos).

Moler los chiles, dientes de ajo, tortillas y tomates en un poco de caldo de la carne. Pasar a una cazuela y agregar la carne rebanada. Agregar más caldo si es necesario. Para terminar se agrega una rama de epazote y se sazona con más sal y pimienta si es necesario.

Acompañar con puré de papa, con arroz o con frijoles molidos refritos (el popular *molote* de frijol).

El clemole es una salsa más ligera que cualquier mole. Con ella se pueden bañar piezas de pollo o un lomo de cerdo al horno, también puede acompañar restos de pavo que se cocinó para Navidad o Día de Gracias. Es buen acompañamiento para huevos al gusto. Otra gran variante es hervir verdolagas muy tiernas y agregarlas al clemole para comer con tortillas recién hechas (¡Si se tiene la dicha de volver a comer tortillas de mano salidas del comal!)

****

COQ AU VIN

-1 pollo en piezas – 50gr de mantequilla – 125gr tocineta (panceta) – ½ taza de cognac – 1 botella de vino tinto de buena calidad – 2 cebollas chicas o 1 manojo de cebollitas de cambray – 2 dientes de ajo – 1 ramillete de hierbas de olor (bouquet garni) – ½ taza de hongos o 250gr de champiñones frescos – 2 cucharadas de harina – sal y pimienta al gusto – una rama de mejorana

Derretir la mantequilla y saltear las cebollas y la tocineta en cuadritos. Cuando doran, agregar el pollo, ajos y bouquet garni. Cubrir y cocinar 20 minutos.

Retirar la grasa, el bouquet garni y los dientes de ajo. Verter el cognac tibio y flamear. Después, sazonar y agregar los hongos. Por último, añadir el vino, tomando un poco de éste para diluir la harina y verterla después.

Cubrir y cocinar hasta que el pollo esté suave. A media cocción probar para ver si no le hace falta sal. Servir con puré de papa o pequeños croissants.

****

COLIFLOR CON HUEVOS ESTILO HINDÚ

Hervir una coliflor grande o dos pequeñas en agua salada a cubrir durante 15 minutos. Escurrir la coliflor y picarla, incluyendo los tallos. Saltear dos cebollas finamente rebanadas en tres cucharadas de mantequilla durante 6 minutos o hasta que estén doradas. Añadir l diente de ajo prensado y las siguientes especias: 1 cucharadita de jengibre en polvo, 1 cucharadita de cúrcuma en polvo y 1 cucharadita de semillas de cilantro molidas. Agregar 1 o 2 chiles rojos pequeños, desmenuzados, ½ cucharadita de sal y la coliflor picada. Mezclar todo muy bien y saltear unos minutos. Agregar 4 huevos batidos y cocinar hasta que cuajen los huevos. Servir bien caliente acompañado con chutney.

****

COLIFLOR FRÍA CON ATÚN Y SALSA DE ALCAPARRAS

Hervir una coliflor grande, en agua con sal durante 15 minutos y escurrir. Dejar enfriar y refrigerar.

Picar el atún de una lata de 210 gramos (aprox.), que esté bien escurrido, y agregar 3 filetes de anchoa picados, junto con el aceite que viene en su lata, 3 rebanadas de cebolla, 2 cucharadas de alcaparras, 6 ramitas de perejil, sin tallos y 2 huevos duros pasados por un colador. Añadir la ralladura de un limón. Mezclar todo a formar una pasta. Añadir, batiendo, ¾ taza de aceite, gota a gota, alternando con el jugo de l limón, como si se estuviera preparando una mayonesa. Enfriar. Arreglar la coliflor en florecitas, dentro de una ensaladera. Rodearla con hojas de lechuga y verter la salsa de atún encima. Rociar la coliflor con 1 cucharada de alcaparras de las más pequeñitas y 2 cucharadas de perejil picado.

****

COLIFLOR IRANÍ

Hervir una coliflor grande en agua con sal durante 15 minutos, escurrir y separar en ramitos de flor pequeños. Descartar los tallos y el corazón.

Preparar la pasta: pasar por agua caliente un jitomate para quitar la piel. Retirar las semillas. Picar y mezclar con 3 cucharadas de perejil picado y 1 cebolla picada. Batir 2 huevos y agregarlos al jitomate junto con ½ taza de de harina tamizada con ½ cucharadita de sal y ½ cucharadita de levadura en polvo (Royal). Añadir 1/3 taza de crema ligera y 1 cucharada de agua. Batir la mezcla bien. La masa deberá ser lo suficientemente espesa para bañar y cubrir los ramitos de coliflor sin que se escurra.

Pasar los ramitos de coliflor por la pasta y freír en una sartén con bastante aceite hasta que estén dorados. Escurrir sobre servilletas de papel y servir calientes.

****

CONSOMÉ DE PESCADO

(Base para salsas o aspic)

En una olla colocar 1 kilo de huesos de pescado, con cabeza y cola (todo lo que queda al limpiar un pescado entero). Agregar 1 taza de vino blanco, jugo de 1 limón, 2 cebollas chicas rebanadas, 4 ramas de perejil y 1 hoja de laurel. Calentar a fuego mediano y dejar hervir hasta que el líquido haya reducido a la mitad. Agregar 2 litros de agua y un poco de sal y pimienta. Cuando hierva, quitar la espuma con un cucharón perforado. Dejar cocinar 20 minutos a fuego lento. Pasar por tamiz a otra olla y enfriar. Retirar la nata que se forme en la superficie.

Este consomé de pescado también puede servirse en tazones para iniciar una comida. Se sazona con azafrán y media taza de Madeira o Jerez seco de buena calidad. Otra opción es, en vez del azafrán y los vinos, utilizar chile fresco picado o chile seco rebanado y frito ligeramente en aceite.

Aspic de Pescado

Preparar un consomé de pescado como se indica arriba. Rociar 6 cucharadas de grenetina en polvo y 3 claras de huevo batidas, más los cascarones de esos 3 huevos (las yemas se usarán en otra cosa). Cocinar a fuego suave y dejar que hierva poco a poco, moviendo con un batidor de lado a lado. Retirar del fuego y dejar reposar media hora. Pasar por tamiz y una tela doble de manta de cielo mojada. Si el aspic se enfría se cuajará y debe ser calentado para que se derrita a fuego suave y luego se pondrá sobre cubos de hielo para que empiece a cuajar de nuevo y se pueda utilizar como decoración en algún platillo o se utilizará una brocha para barnizar el pescado frío entero que vaya a usarse. El aspic puede mezclarse con un poco de mayonesa para luego barnizar con esto algún pescado o pasta de pescado moldeada.

****

CORONA DE AGUACATE Y CAMARONES

Remojar 2 cucharadas bien llenas de grenetina sin sabor en 1 taza de agua fría. Agregar 1 ½ tazas de agua hirviendo, 2 tazas de jugo de jitomate, 1 taza de salsa Catsup y 1 cucharada de apio picado finamente. Agregar 1/3 taza de cebolla picada finamente y 250gr de camarones cocidos, limpios. Incorporar ½ taza de pimiento verde picado finamente, ¼ taza de jugo de limón, 1 cucharada de raíz fuerte preparada y sal al gusto. Enfriar la mezcla durante una hora pero que no haya cuajado completamente.

Aceitar un molde de corona y arreglar en forma decorativa rebanadas de aguacate. Verter por cucharadas toda la mezcla anterior y refrigerar durante dos horas o hasta que haya cuajado. Desmoldar y decorar con hojas de lechuga francesa y más rebanadas de aguacate. Servir con salsa de hinojo.

Salsa de hinojo: Combinar 1 ½ tazas de crema espesa, ½ taza de mayonesa, ¼ taza de hinojo en rama picado, sal y pimienta blanca al gusto. Pasar a una salsera para llevar a la mesa.

****

COSTILLITAS CHINAS

1 kilo de costillitas (spareribs) partidas en pedazos - ¼ taza de azúcar normal -

1 cucharadita de sal - La noche anterior mezclar: ½ taza de salsa soya - ½ taza de salsa de tomate Catsup - 3 cucharadas de azúcar moreno - 2 cucharadas de jengibre rallado fresco o 2 cucharaditas de jengibre en polvo. Dejar esta salsa en el refrigerador toda la noche.

Al día siguiente, dos horas antes de meter al horno: revolver las costillitas con el azúcar y la sal. Dejar reposar.

Cuando ya se va a meter al horno, rociar sobre las costillitas la salsa que se preparó la noche anterior. Hornear a calor más que mediano, pero no demasiado fuerte, durante 20-30 minutos. Si sube mucha grasa a la superficie, quitarla con una cuchara.

Servir solas, como botana o como primer plato, acompañadas de arroz blanco.

****

CREMAS PARA RELLENAR PASTELES O *Petits Fours*

CREMA SAINT-HONORÉ

Disolver 1 cucharada de grenetina sin sabor en 2 cucharadas de agua fría. La grenetina se compactará. Agregarla a 2 ½ tazas de crema pastelera o natillas calientes (estando bien calientes las natillas la grenetina se disolverá rápidamente). Aparte, batir 6 claras a punto de turrón y agregarles 1/3 taza de azúcar. Incorporar este merengue a la crema pastelera.

CREMA DE ALMENDRA

Mezclar ¾ taza de azúcar glass, 1/3 taza de harina y pizca de sal. Añadir 1 huevo y 1 yema. Mezclar. Añadir otro huevo y otra yema, mezclando hasta que quede suave, sin grumos. Calentar 2 tazas de leche a que casi hierva, junto con un pedazo de vainilla (la vaina fresca) y agregar la leche lentamente. Cocinar la crema, batiendo todo el tiempo hasta que casi hierva y continuar a fuego lento durante dos minutos. Retirar la crema, descartar la vainilla y añadir 2 cucharadas de mantequilla y 4 macarrones de almendra desmoronados. También se pueden añadir almendras ligeramente tostadas y molidas.

Enfriar la crema, moviendo para que no se haga nata en la superficie.

CREMA DE NARANJA

Tamizar ½ taza de azúcar con 1/3 taza de harina y pizca de sal, sobre un recipiente en baño maría. Agregar 1 2/3 tazas de leche caliente y mezclar a quedar uniforme. Dejar espesar. Agregar 2 yemas batidas y seguir cocinando durante 3 minutos. Enfriar ligeramente y añadir la ralladura de una naranja grande, más 1 cucharada de jugo de naranja y 1 cucharadita de jugo de limón. Poner el recipiente sobre agua fría hasta que la crema empiece a cuajar o a endurecer.

Hasta aquí las recetas de cremas para rellenar pasteles

****

CREMA BÁVARA DE ZARZAMORAS *(postre)*

Lavar y escurrir 3 tazas de zarzamoras y cocinar a fuego lento, moviendo frecuentemente hasta que se ablanden. Retirar. Pasar la fruta por colador y medir 1 ½ tazas de puré. Mezclar este puré con 1/3 taza azúcar y 1 cucharada de jugo de limón. Rociar 4 cucharaditas de grenetina sin sabor sobre 3 cucharadas de agua fría y dejar que se suavice durante 5 minutos. Colocar la grenetina sobre baño maría y mover hasta que se disuelva. Mezclar la gelatina al puré de zarzamoras y colocar el recipiente sobre otro que contenga hielos. Enfriar un poco. Incorporar 2 claras de huevo batidas a punto de turrón junto con ¼ taza de azúcar y 1 taza de crema batida. Verter la mezcla a un molde y enfriar hasta que cuaje. Desmoldar el postre sobre un platón de servicio y adornar con más crema batida.

****

CREMA DE CAVIAR *(para bocadillos)*

En un tazón mezclar 350gr de queso crema suave, 120gr de caviar rojo, 2 ½ cucharadas de cebolla rallada, sal y pimienta al gusto. Pasar por tamiz esta pasta y refrigerarla hasta que se vaya a usar. Salen aproximadamente dos tazas. Servir con pan negro, galletas o pan tostado.

****

CREPAS DE SALMÓN "Nueva Escocia"

Para unas crepas normales:

Licuar por 30 segundos ¾ taza de harina, ¾ taza de leche, 3 huevos, ¼ taza agua y media cucharadita de sal. Agregar 2 cucharadas de mantequilla derretida, fría y licuar unos segundos más. Pasar a un tazón y dejar reposar al menos una hora.

Para las crepas Nueva Escocia: agregar 3 cucharadas de eneldo fresco picado, después de licuar.

Hacer las crepas y en cuanto salga cada una, embarrar con crema espesa y encima colocar una rebanada de salmón ahumado. Doblar en cuatro y colocar en platos calientes, para servir de inmediato, con una ramita de eneldo como adorno.

Las crepas solas se pueden hacer con anticipación colocándolas encima una de la otra en un plato refractario, cubiertas con papel aluminio. Para servir, meter unos minutos a horno mediano y luego preparar.

****

CROQUETAS DE ATÚN

Freír en aceite: media cebolla y dos ajos picados. Agregar 2 jitomates sin piel y sin semilla, picados finamente. Añadir un poco de perejil picado finamente. Una vez que esté guisado esto, agregar 6 papitas cocidas y picadas. Por último, añadir 2 latas de atún escurrido. Mezclar bien, guisar 5 minutos y retirar del fuego. Cuando esté fría la mezcla formar las croquetas o bolas. Revolcar en huevo y luego pasar por pan molido. Freír. Servir con ensalada.

****

CROQUETAS DE BACALAO

Se hace una pasta con 1 taza de bacalao hervido y deshebrado (limpio de espinas) y 1 taza de papas cocidas, agregando un poco de leche para formar la pasta.

Aparte batir 2 claras a punto de turrón y después agregarles las yemas, sin batir, para que no se bajen las claras. Incorporar una o dos cucharadas de harina y un poco más de leche si se necesita. Con una cuchara formar las croquetas de bacalao y verter a la pasta de claras y yemas. Sacarlas con cuidado y freír en aceite caliente.

****

CURRY

Un conocedor ortodoxo puede marcar la diferencia entre 1) el curry que es un polvo compuesto de cúrcuma, semillas de cilantro, clavos, comino, jengibre en polvo, pimienta negra y chile, el cual clasifica como suave, picante y muy picante y 2) la mezcla de la India conocida como *masala* o *garam masala* que es, igualmente un condimento de mesa constituido por un polvo o una preparación pastosa que combina el cardamomo, el clavo y la canela.

CURRY MEDIANAMENTE FUERTE

Para 100gr de polvo: 25gr cúrcuma en polvo – 3gr de clavos de olor en polvo – 20gr de semillas de cilantro – 5gr de cardamomo en polvo – 10gr de semillas de comino – 5gr de jengibre en polvo – 10gr de pimienta en polvo – 5 gr de pimienta cayena en polvo – 5 gr de macis en polvo – 10gr de hierbas de olor deshidratadas (las hierbas pueden incluir hinojo, tomillo, mejorana y albahaca).

Todos estos ingredientes van a ser finamente pulverizados, pasados por tamiz y guardados en recipientes con tapa hermética. La mayor parte de los habitantes de la India preparan los curries a base de legumbres y luego agregan yogurt o requesón.

CURRY ESTILO MADRAS

Saltear en 3 cucharadas de aceite, media cebolla y 3 chalotas (échalotes) picadas finamente. Agregar ½ kilo de carne de carnero o de res en cubos, 2 dientes de ajo y una hoja de laurel. Dorar la carne y retirarla. En seguida, a fuego suave, añadir a la sartén 2 manzanas peladas y picadas, una taza de leche de coco o un poco de coco rallado que ha sido deshidratado previamente (si es fresco, agregar agua caliente para que produzca la leche), 2 cucharadas de pasta de tomate (jitomate), una cucharadita de azúcar y una cucharadita de vinagre.

Cocinar durante 10 minutos a fuego suave y volver a agregar la carne. Incorporar una taza de agua y un poco más de leche de coco. Tapar y cocinar a fuego mediano, Cuando la carne esté tierna, servir acompañado de arroz. No debe quedar seco, debe estar un poco caldoso.

****

"D"

DISCOS DE PASTA HOJALDRADA, ALMENDRAS Y MANZANAS

Se necesitan: 500gr de pasta hojaldrada – 200gr de pasta de almendras comprada en tiendas (o preparar una en casa con 100gr de almendras peladas, secas – 100gr azúcar granulada – 2 claras de huevo) – 6 manzanas grandes tipo Granny Smith o perón Golden – ½ taza de azúcar

Extender la pasta hojaldrada, sin manipular demasiado, y cortar 6 redondeles que midan unos 20cm de diámetro (una cuarta bien extendida - se puede utilizar una tapa de lata para galletas). Colocar estos redondeles sobre 3 charolas para hornear, dos en cada charola previamente humedecida con agua, nada más.

La pasta de almendras comercial se puede rebanar y cada rebanada de un dedo de grosor se colocará sobre un plástico, se le pondrá otro plástico y se pasará el rodillo para lograr una pequeña "tortilla" que se colocará sobre el redondel de pasta hojaldrada.

Debe quedar aproximadamente 1 ½ cm alejado de la orilla. Sobre la pasta de almendra se colocarán las rebanadas de manzanas en espiral. Para que no se pongan negras se tendrán en agua con jugo de limón y luego se les agregarán unas gotas de limón cuando ya estén dispuestas. Meter a horno caliente y hornear unos 20 minutos. Rociar con un poco de azúcar sobre las manzanas y dejar otros minutos para que se caramelice el azúcar.

Para hacer pasta de almendra en casa: moler las almendras sin piel y secas en el pica-pica o procesadora a quedar como polvo. Agregar la misma cantidad de azúcar y volver a moler en el pica-pica.

Batir un poco las claras de huevo, a que empiecen a subir, y agregarles las almendras y el azúcar. Hacer una pasta. Esto no queda tan pulverizado como la pasta de almendra que se compra en las tiendas, pero su sabor es igualmente bueno.

****

DONAS DE PURÉ DE PAPA

En un tazón grande mezclar 2 tazas de papas hervidas hechas puré y 2 tazas de azúcar, 3 huevos ligeramente batidos y 2 cucharadas de mantequilla derretida.

En otro tazón tamizar 5 tazas de harina, 5 cucharaditas de Royal, 1 cucharadita de sal y media cucharadita de nuez moscada en polvo. Agregar la mezcla de harina a la de papas alternando con 1 taza de leche. Pasar la masa a una superficie enharinada y trabajar agregando ¼ taza de harina o la suficiente para hacer una masa suave. Estirar la masa a quedar de 2cm. de espesor y cortar las donas con un molde especial. Freír las donas en una sartén con bastante aceite caliente, volteándolas una vez cuando estén doradas por un lado. Retirar las donas con una cuchara perforada, secarlas en papel absorbente y rociarlas generosamente con azúcar glass. Salen 28 donas.

****

DULCE DE CAMOTE Y PIÑA

3 camotes blancos (los que son morados por fuera) – ½ kilo de piña – azúcar – jugo de una naranja

Hervir los camotes, quitarles la piel y rallarlos – Cortar la piña en pedazos y hervirla con 2 tazas de azúcar. Licuar. Mezclar el camote, la piña y el jugo de la naranja – Verter todo a una olla y hervir, moviendo todo el tiempo con cuchara de madera, hasta que espese al gusto. Servir acompañado de lenguas de gato.

****

DUXELLES

Este es el nombre que utilizan los franceses para un picadillo de champiñones y cebollas. Se utiliza en algunos pies salados o *tartes* o para acompañar filetes de carne o pescado.

Picar finamente 250 gramos de champiñones, limpios y sin el tallo. Colocarlos dentro de una servilleta limpia, un puño cada vez, y exprimir para sacar toda la humedad.

En una sartén derretir 2 cucharadas de mantequilla y 1 cucharada de aceite, y saltear los champiñones junto con ¼ taza de cebolla finamente picada y 2 échalotes picados (si no hay, no importa). Cuando toda la humedad ha desaparecido, sazonar con sal y pimienta al gusto. Sale 2/3 taza.

****

"E"

ELOTE CON CARNE DE PUERCO

500gr de carne de puerco (lomo o falda, en trozos) – 500gr jitomate – 150gr de queso crema – 50gr de mantequilla – 6 chiles poblanos – 8 elotes tiernos – 1 cebolla – 3 yemas de huevo – 1 litro de caldo – 1 taza de crema

En la mantequilla se fríen los chiles asados y desvenados, limpios y cortados en rajitas. Se agrega el lomo en pedacitos. Cuando empieza a dorar la carne, se añade el jitomate asado, molido con la cebolla y colado. En seguida se añaden los elotes desgranados en crudo y el caldo. Se sazona con sal y pimienta y se deja hervir a fuego lento hasta que la carne esté tierna. Para servir, se agrega la crema mezclada con las yemas. Se vacía al platón y se adorna con rebanadas de queso.

****

EMPANADAS ESTILO LIBANÉS

Para la pasta: 3 ½ tazas de harina – ¼ taza aceite de oliva – ½ cucharadita de levadura – 1 cucharadita de sal – agua fría

Disolver la levadura en una cucharada de agua tibia. Dejar activar unos minutos. Agregar el aceite y la harina mezclada con la sal. Añadir suficiente agua fría para obtener una masa compacta. Cubrir y reposar media hora. Extender sobre una superficie enharinada. Cortar círculos. Barnizar con clara la orilla de cada círculo. Colocar una cucharada de relleno, doblar la pasta como empanada y presionar las orillas firmemente para que no se abra. Barnizar con yema y leche. Colocar en una charola engrasada y hornear a calor fuerte hasta que doren. Darle un pellizco a cada empanada sobre la superficie y rociar el relleno con unas gotas de jugo de limón (opcional).

Relleno: medio kilo de espinacas frescas – ¼ taza de aceite de oliva – 1 cebolla chica picada – media taza de piñones o nueces – ¼ taza de pasitas picadas – jugo de limón – sal y pimienta al gusto y un poco de canela

Lavar las espinacas, escurrirlas, picarlas y mezclarlas con el resto de los ingredientes, agregando jugo de limón al gusto.

****

ENCHILADAS DE PIPIÁN *(cocina tradicional mexicana)*

Tostar 250 gramos de pepita de calabaza y molar en la licuadora o metate junto con 4 chiles verdes serranos asados en el comal, 3 tazas de agua y sal al gusto. Pasar a una olla. Calentar 100gr de manteca de puerco y verter en la preparación anterior poco a poco, moviendo constantemente con una cuchara de madera para que no se hagan grumos. Una vez que se ha incorporado bien no se vuelve a mover para evitar que se corte. Inmediatamente se pasan por la salsa tortillas recién hechas o si son de tortillería, que estén calientes. Esta cantidad alcanza para 24 tortillas. Preparar las enchiladas con un relleno de frijoles o de queso o carne guisada y desmenuzada. Acompañar con lechuga picada, crema y queso desmoronado.

****

ENCURTIDO DE DÁTILES *(para usar en bocadillos o como guarnición)*

400gr de cebollas rebanadas en plumas – 3 a 4 cucharadas de aceite vegetal – 2 cucharaditas de ajos picados (opcional) – 1 ½ cucharadas de jengibre fresco pelado y picado – 1 cucharadita de sal – ½ taza de vino tinto – ¼ taza vinagre de vino tinto – 2 chiles rojos secos, sin semilla y desmenuzados (o 1 cucharadita de chile en polvo) – 250gr dátiles picados.

En una sartén grande, de hierro esmaltado, cocinar las cebollas en el aceite (agregar más si hace falta), a fuego suave, hasta que estén transparentes. Agregar el ajo, jengibre y sal. Cocinar dos minutos. Añadir el vino tinto, vinagre, los chiles y los dátiles. Cocinar a fuego más fuerte moviendo de vez en cuando, hasta que casi todo el líquido haya desaparecido. Enfriar un poco. Pasar a la procesadora. Debe quedar grumoso, pero que no se haga puré.

Servir con asado de puerco. Acompañar con queso y galletas como bocadillo. Se conserva en el refrigerador, bien tapado, por una semana.

****

ENSALADA CHINA

Mezclar ¼ taza de jugo de limón, una cucharadita de salsa de pescado (producto chino embotellado llamado Fish Sauce), 2 cucharadas de vinagre, 1 cucharada de azúcar, una cucharada de aceite de oliva, un chorrito de aceite de ajonjolí y cebolla picada. Mezclar y agregar un poco de salsa soya. Agregar germinados de soya, col china rebanada finamente, zanahoria cortada en juliana o rallada, hojas de albahaca y de menta picadas.

****

ENSALADA DE ARROZ CON DURAZNOS Y CHABACANOS

Colocar en un cuadro pequeño de tela (manta de cielo) 3 cucharadas de jengibre fresco rebanado y 1 cucharadita de semillas de cilantro medio aplastadas. En una sartén agregar esta bolsita con especias y 4 ½ tazas de agua más 2 cucharaditas de sal. Hervir. Agregar 2 tazas de arroz y 6 cebollas de rabo pequeñas, finamente rebanadas. Tapar y cocinar a fuego suave durante 15 minutos o hasta que toda el agua se haya evaporado y el arroz esté tierno. Retirar la bolsa de especias.

Aparte, en una sartén pequeña, cocinar 6 chabacanos deshidratados y 6 mitades de duraznos deshidratados, rebanados, en agua que los cubra durante 10 minutos o hasta que se suavicen. Añadir 3 cucharadas de pasitas y hervir las frutas cinco minutos. Escurrir y agregar al arroz, Incorporar todo suavemente y pasar a un platón de servicio.

En otro tazón pequeño, mezclar 2 cucharadas de Jerez fino y 2 cucharadas de vinagre de vino blanco, sal y pimienta al gusto. Añadir 1/3 taza de aceite de oliva y dos cucharadas de aceite de ajonjolí (se compra en tiendas orientales). Combinar perfectamente y verter sobre el arroz con frutas. Mezclar todo y enfriar. Añadir 1 taza de pimiento dulce rojo picado (opcional). Servir.

****

ENSALADA DE CALAMAR Y PULPO

Hervir medio kilo de calamar y rebanar en cubos pequeños; hervir medio kilo de pulpitos y cortar al gusto o utilizar pulpo grande y cuando esté cocido picar en trocitos.

En un recipiente de cristal de buen tamaño colocar los calamares y los pulpos. Añadir cilantro picado, menta fresca picada, un pimiento rojo cortado en finas rajitas, un poco de échalote picado (chalota, una mezcla entre cebolla y ajo – o rabos de cebolla), 1 diente de ajo picado finamente. Aparte preparar el aderezo con el jugo de 1 limón grande, 4 cucharadas de aceite de oliva, 2 cucharadas de aceite de ajonjolí (especial para cocinar comida china), sal y pimienta al gusto. Si el aderezo no es suficiente preparar un poco más. Mezclar bien y rociar sobre la ensalada. Refrigerar.

Para servir colocar una hojas de arúgula, endivia, espinaca o lechuga italiana sobre el plato, incorporar un poco de ensalada, decorar con semilla de ajonjolí tostado o cebollín picado y unas gotas de aceite de oliva.

****

ENSALADA DE CAMARONES

Lavar ¾ kilo de camarones crudos, pelarlos, dejar la cola. Saltear ligeramente en aceite de oliva. Agregar 1 cucharada de jengibre rallado, 2 dientes de ajo finamente picados, 1 pimiento rojo y uno amarillo, cortados en tiras – 4 hongos *shiitake* remojados (o champiñones) cortados en tiras y 1 cebolla rebanada en plumas finas. Añadir ¼ taza de vinagre de vino de arroz (se compra en tiendas orientales) – ½ taza de aceite de oliva - 2 cucharadas de jugo de naranja - ½ cucharadita de ralladura de naranja.

En una ensaladera, colocar suficientes hojas de espinaca cruda, lavadas y secas. Sobre las hojas colocar los camarones cocidos. Rociar con un poco de salsa soya y ajonjolí negro (o blanco, al gusto).

****

ENSALADA DE COL

Quitar las hojas exteriores a una col que pese aproximadamente medio kilo. Partir a la mitad y quitar el corazón de cada lado. Rebanar finamente el resto de la col y pasar a una olla con agua hirviendo. Agregar un poco de sal. Al cabo de 10 minutos retirar y colar. Seguir uno de los siguientes pasos:

1) Estando la col tibia, mezclar con una taza de zanahoria rallada, media taza de mayonesa y media taza de crema ligera. Sazonar con sal y pimienta al gusto.
2) Preparar una vinagreta con 2 cucharadas de vinagre de manzana o vinagre ligero de vino o hecho en casa, 6 cucharadas de aceite de oliva, 1 cucharadita de semillas de alcaravea, media cucharadita de mostaza, 1 cucharadita de azúcar, sal y pimienta al gusto.
3) Con la col fría mezclarle media taza de crema ligera y una manzana picada (sin piel ni corazón). Agregar media taza de apio picado finamente y media cucharadita de semillas de eneldo. Sazonar al gusto.

Por supuesto que también existen las suculentas hojas de col rellenas de carne molida y servidas con salsa de jitomate o la "pelota" de col rellena horneada parecida a la *Moussaka de berenjena* de las costas del Mediterráneo. Son muchos los usos que podemos dar a la resistente col y creo que es importante agregarla a nuestros menús para darle a los hijos una buena educación no sólo gastronómica sino indispensable para una buena alimentación.

****

ENSALADA DE COL *(Otra)*

Rebanar finamente una col y medir 4 tazas. Agregar agua hirviendo salada a que la cubra y "blanquear" 5 minutos. Escurrir la col y enfriar.

En una olla mezclar 2 yemas de huevo con ¾ taza de crema ligera, ¼ taza de vinagre de vino blanco, 1 cucharada de mantequilla, 2 cucharaditas de mostaza estilo Dijon, 1½ cucharaditas de sal y lo mismo de azúcar, ¼ cucharadita de pimienta blanca y pizca de pimienta Cayena. Cocinar estos ingredientes a fuego suave hasta que la mantequilla se disuelva. Aparte mezclar ¼ taza de crema ligera con 1½ cucharaditas de fécula de maíz. Agregar a la mezcla de yemas. Cocinar este aderezo, moviendo con una cuchara de madera, hasta que espese. Incorporar 2 cucharadas de perejil picado finamente. Enfriar el aderezo. Pasar la col a una ensaladera, agregar el aderezo y sal y pimienta si hace falta.

****

ENSALADA DE COL CON FRUTAS

Combinar 4 tazas de col finamente rebanada con 1 taza de manzanas peladas y cortadas en cubos pequeños y 1 taza de uvas sin semilla, peladas. Agregar 2 cucharadas de jugo de limón y 2 cucharaditas de sal. Aparte, mezclar 1 taza de crema espesa, 1 cucharada de miel de abeja y 2 cucharaditas de semillas de hinojo. Mezclar la col con el aderezo y si lo necesita, agregar más jugo de limón, sal y pimienta blanca.

****

ENSALADA DE ESPINACAS CON HUEVOS DE CODORNIZ

Quitar los rabos y la parte gruesa a 3 manojos de espinacas. Lavar perfectamente las hojas. Poner a hervir 12 huevos de codorniz con agua y una cucharadita de vinagre, para dejarlos duros – Freír 200gr de tocino en pedacitos, frito a quedar crujiente. La vinagreta se prepara con 2 cucharadas de miel, 2 cucharadas de vinagre de manzana, 2 cucharadas de aceite de ajonjolí y 4 de aceite de oliva, un poco de ajonjolí tostado y pimienta recién molida.

Se colocan las hojas de espinaca crudas y encima los huevos de codorniz limpios, enteros. Salpicar con los pedacitos de tocino. Verter el aderezo sobre la ensalada.

****

ENSALADA DE INVIERNO

Con col morada y betabel

Hervir un betabel y cortarlo en rajitas. Lavar muy bien una col morada y rebanar finamente para llenar 1 taza. Picar en cubitos una jícama y medir 1 taza. Lavar y secar hojas de espinaca (sin rabos) y picarlas en juliana a medir 1 ½ tazas. Picar en cuadritos media taza de acitrón. Rebanar finamente, en plumitas, media cebolla.

Tostar ligeramente 2 cucharadas de ajonjolí. Preparar una taza o dos de *croutons*.

Vinagreta: ½ cucharadita de estragón, ½ cucharadita de orégano, ½ cucharadita de hierbas finas, 2 cucharadas de salsa soya, 2 cucharadas de vinagre de manzana, 6 cucharadas de aceite de oliva. Mezclar perfectamente.

Para servir: colocar en la ensaladera las hojas de espinaca, encima la col morada, luego el betabel en rajitas, la jícama y el acitrón en cubos. Terminar con la cebolla finamente rebanada, el ajonjolí y los croutons. Verter la vinagreta encima. También se pueden arreglar platos individuales.

****

ENSALADA DE MANZANA

3 manzanas grandes cortadas en juliana – ½ taza de pasitas blancas – 3 tallos de apio picados – 2 cucharadas de jengibre en dulce – 1 cucharada de cebollín picado – jugo de limón y miel de abeja al gusto.

Mezclar bien todos los ingredientes y usar para acompañar jamón o carne fría de pollo y pavo o algunos guisos con curry. Dura una semana en el refrigerador.

****

ENSALADA DE MARISCOS BOMBAY

Ingredientes para una persona:

En un tazón pequeño mezclar 2 cucharadas de aderezo francés y 2 cucharadas de mayonesa, 1 cucharadita de Chutney (*) de mango, ½ cucharadita de jugo de limón y pizca de polvo de curry, sal y pimienta.

En otro tazón mezclar 1/3 taza de camarones cocidos y picados y 1/3 taza de carne de cangrejo cocida limpia. Añadir 3 cucharadas de apio picado, 1 cucharadita de piñones tostados ligeramente y la mezcla con el Chutney.

Colocar varias hojas de lechuga romana sobre un platón de servicio y decorar el centro con ¾ taza de más lechuga, pero picada. Cortar 1 jitomate pelado en 8 secciones y colocarlo sobre la lechuga. Montar la mezcla de mariscos sobre el jitomate y decorar con 3 puntas de espárragos y 3 rebanadas de huevo duro, 1 o 2 anillos de pimiento verde o amarillo y una aceituna negra picada.

(*) El *chutney* (se pronuncia chotni) es un encurtido de la India. En ese país lo preparan con toda clase de frutas, no sólo mango, y lo utilizan para acompañar guisos con curry. Legumbres o arroz. Se puede comprar en tiendas de abarrotes o súper mercados.

****

ENSALADA DE PAPA CALIENTE

Hervir kilo y medio de papas. En sartén saltear ¾ de taza de tocino picado. Agregar ¾ taza de cebolla de rabo picada y ¼ taza de apio picado. Añadir ¾ taza de caldo de pollo y ½ taza de vinagre de vino blanco. Incorporar 1 cucharada de azúcar, sal y pimienta al gusto. Escurrir las papas, pelarlas, rebanarlas aún calientes y colocarlas en una ensaladera. Verter el aderezo caliente. (Nota: en vez de usar apio se puede agregar 1 cucharada de semillas de alcaravea y un poco de aceite de oliva si lo necesita).

****

"F"

FILETE DE RES "STROGONOFF"

1 *caña* (filete) de res muy limpia que pese kilo y medio – 1 manojo de cebollitas de cambray – 100gr de mantequilla y media taza de aceite – 2 tazas de champiñones rebanados - 1 cucharada de Bovril o cualquier otro extracto de carne – 1 taza de vino blanco – 2 cucharadas de concentrado de jitomate (del italiano) – 2 tazas de crema espesa.

El filete se corta en tiritas (del tamaño de un dedo) y se colocan dentro de una bolsa de papel que contenga 3 cucharadas de harina, un poco de sal y pimienta. Cuando estén bien cubiertas de harina las tiras de carne, se doran en la mitad de la mantequilla y aceite. Una vez que estén doradas se retiran y en esa misma sartén se agrega el resto de la mantequilla y aceite. Se incorporan las cebollitas de cambray rebanadas y los champiñones. Cuando estén ligeramente dorados se agrega la carne, 1 taza de agua en donde se disolvió el Bovril, el vino blanco y el concentrado de jitomate. Cocinar unos 10 minutos. Agregar la crema, sazonar con sal y pimienta al gusto. Dejar otros 5 minutos y servir con arroz blanco o con tallarines.

****

FILETE DE RES WELLINGTON

1 caña de filete de res de 1 ½ kilos – tiras de lardo – 300gr de champiñones frescos – mantequilla – 1 kilo de pasta hojaldrada – vino Madeira – paté - trufas picadas – huevo para barnizar.

La carne de res, bien limpia, se envuelve en tiras de lardo y se dora en horno caliente durante 25 minutos. Retirar del horno y enfriar. Retirar las tiras de lardo. Recoger los jugos que escurrieron en el platón y guardarlos.

A fuego lento, en una sartén grande, saltear los champiñones picados finamente en 5 cucharadas de mantequilla. Agregar sal y pimienta. Cuando estén cocidos retirarlos del fuego y ponerlos aparte.

Extender la pasta hojaldrada al tamaño del filete y cortar un rectángulo. Guardar el resto de la pasta. Colocar el filete frío en el centro y embarrarlo con una capa gruesa de paté de foie gras (si se tiene la suerte de adquirirlo, si no, se puede usar otro paté de ganso o paté de cerdo que es más accesible en precio). Colocar los champiñones sobre el lomo. Con mucho cuidado cubrir el filete con las orillas de la pasta hojaldrada y cerrar bien todos los bordes, sellándolos con clara de huevo. Colocar el filete, con los bordes hacia abajo, sobre una charola húmeda y barnizarlo con yema de huevo mezclada con un chorrito de agua.

Extender el resto de la pasta hojaldrada y cortar medias lunas y estrellas. Colocar los adornos sobre el rollo y barnizarlos también. Enfriar el rollo por lo menos 1 hora. Después, hornear a calor fuerte durante 10 minutos y luego bajar el calor para que siga cociendo alrededor de 20-25 minutos. Cuando el rollo se vea de un bonito color dorado, retirar del horno.

Con los jugos que se guardaron hacer una salsa a la que se le añaden 2 cucharaditas de fécula de maíz (Maizena) o de papa, disueltas en un poco de agua fría. Poner los jugos al fuego y añadir media taza de jugo de carne y media taza de Madeira, más 2 cucharadas de trufas picadas, sal y pimienta al gusto. Cocinar 5 minutos.

Colocar el rollo Wellington en un platón, cortarlo en rebanadas gruesas y servir con la salsa aparte. Acompañar con ejotes y zanahorias a la mantequilla. Sirve a 8 personas.

****

FILETES DE HUACHINANGO ROQUEFORT

Rociar 5 filetes de huachinango con sal y pimienta, y el jugo de 1 limón. En una sartén honda, colocar 1 cebolla grande rebanada finamente y colocar los filetes encima. Agregar agua solamente a cubrir y 5 pimientas enteras, 3 chiles secos y 1 hoja de laurel. Cubrir la sartén con papel aluminio. Hacer algunas perforaciones para que pueda salir el vapor y cocinar unos minutos... el pescado no debe pasarse de cocido. Retirar los filetes y colocar uno en cada plato individual refractario. Cubrir con salsa roquefort y pasar bajo la lumbre para gratinar.

SALSA ROQUEFORT: Licuar media taza de mantequilla, con media taza de queso Roquefort y media taza de parmesano rallado, ¼ taza de migas de pan, 1 ½ cucharadas de crema espesa, 1 cucharada de jugo de limón, ½ cucharadita de salsa inglesa y ½ cucharadita de perejil picado.

****

FILETES DE PESCADO EN SALSA DE MANGO 🖽

(Receta original 1997)

Macerar los filetes en aderezo para ensalada: 1 cucharada de vinagre balsámico, 3 cucharadas de aceite de oliva, sal, pimienta, pizca de azúcar, ajonjolí tostado y jengibre rallado. Agregar ¼ taza de leche. Dejar en maceración dos horas.

Salsa: reducir ¾ taza de jugo de mandarina con cebolla picada, 2 cucharadas de Madeira y 2 cucharadas de mantequilla, a quedar ¼ taza. Añadir 2 cucharadas de salsa de mango: licuar la pulpa de un mango maduro con ¼ taza de crema. Colar. Incorporar perfectamente la reducción de jugo de mandarina con la pulpa de mango y crema. Añadir más crema si la necesita, sal y pimienta blanca.

Escurrir los filetes de pescado, pasar por harina, huevo y pan molido. Freír o hacerlos poché solamente. El jugo de la maceración se agrega a la salsa y se vuelve a colar.

Verter una o dos cucharadas de la salsa en el plato de servicio individual, colocar encima un filete recién frito o poché bien caliente, decorar con hojas de apio y perejil picadas o pequeñas ramas de hinojo o eneldo. Acompañar con puré de espinaca o zanahoria.

****

FILETES DE PESCADO REBOZADOS

La masa para rebozar o "lamprear" estos filetes se prepara con levadura granulada como la que se usa para hacer pan de panadería.

Ingredientes: ¾ kilo de filetes de pescado blanco sin espinas – 1 limón – ¾ taza de harina – sal y pimienta.

Pasta para rebozar: 1 ½ cucharaditas de levadura activa en polvo o media barrita de levadura comprimida fresca – ¼ taza de agua tibia – 1 ¼ taza de harina – 1 cucharada de aceite de oliva – ¼ taza de cerveza – 1 clara de huevo – Salsa Tártara.

Colocar la levadura sobre el agua caliente y dejar 5 minutos sin tocar hasta que se disuelva. Tamizar la harina con la sal en un tazón grande y hacer un hoyo en el medio. Verter la levadura disuelta y un poco de la cerveza. Mezclar con una cuchara de madera hasta formar una pasta suave. Agregar el resto de la cerveza. No batir ni mezclar demasiado para que no se haga chiclosa la pasta. Dejar en un lugar tibio durante media hora hasta que espese y haga burbujas y cuando ya se vayan a freír los filetes, agregar la clara de huevo batida hasta formar picos suaves. Envolver con cuidado.

Los filetes se enjuagan, se secan y se mojan con jugo de limón. Luego se pasan por harina a la que se agregó sal y pimienta. Después se pasan por la pasta para rebozar. Freír en suficiente aceite o en canasta que se introduce en la sartén honda (como las que se usan en los restaurantes para papas fritas y toda clase de frituras).

Deben quedar dorados uniformemente. Retirar del aceite y colocar sobre toallas de papel para que absorban el exceso de grasa. Servir con papas a la francesa y un poco de salsa tártara.

****

FLAN AL CARAMELO 🎵

(Receta de mis tías, las bellas Millanes, grandes cantantes ¡Viva la Zarzuela!)

10 yemas de huevo – 2 litros de leche - 1 taza de azúcar – 1 raja de vainilla – azúcar al gusto para hacer el caramelo

Hervir la leche con 1 taza de azúcar y la raja de vainilla. Mover de vez en cuando para evitar que se pegue o se derrame. Cuando se ha consumido a la mitad, se retira del fuego y se deja enfriar.

Las 10 yemas se baten durante un minuto y se incorporan a la leche casi fría, moviendo perfectamente. Se cuela y se vierte en molde preparado con azúcar caramelizada. Colocar el molde sobre agua para cocinar a baño maría y hornear a 190°C durante hora y media. Rectificar que esté bien cocido el flan en el centro. Enfriar. Desmoldar.

****

FLAN DE NUEZ O ALMENDRA

250gr nueces o almendras peladas – 5 huevos – 1 lata de leche condensada azucarada – 1 vaso de leche

Licuar todos los ingredientes. Preparar un caramelo para verter en el fondo del molde para flan. Agregar el licuado de nueces sobre el caramelo. Hornear a baño maría durante 45-60 minutos a 190°C.

****

FLAN SENCILLO *(Receta de mi amiga Lourdes)*

Preparar el caramelo: en una olla pequeña, gruesa, colocar ¼ taza de azúcar y un chorrito de agua. Mover hasta que se disuelva el azúcar y continuar el cocimiento sin tocar hasta que tome color ámbar. Tener cuidado que no se ponga demasiado oscuro. Verter sobre el molde para flan.

En la licuadora verter 5 huevos, 1 lata de leche condensada endulzada y 1 lata de leche evaporada, un poco de canela o vainilla. Una vez que el caramelo ha endurecido en el molde, verter el licuado. Tapar con papel aluminio y colocar dentro de la olla exprés que ya contiene un poco de agua (a cubrir un poco menos de la mitad del molde). Poner la tapa de la olla exprés y cocinar media hora.

****

FOUACE

(Pan de levadura fácil, casero, de origen francés)

En un tazón pequeño verter el contenido de un sobre de levadura seca. Agregar ¼ de taza de agua tibia y 1 cucharada de azúcar. Mover con una cuchara para que se mezclen los ingredientes. Dejar 10 minutos. La levadura debe empezar a hacer burbujas y a subir.

En un tazón grande incorporar 2 tazas de harina, 1/3 taza de azúcar y ½ cucharadita de sal. Agregar 90gr de mantequilla en pedacitos y mezclar (se harán grumos). Hacer un hoyo en el centro y añadir 1 huevo ligeramente batido, 1 cucharada de agua de azahar (se compra en las droguerías) y la mezcla de levadura. Incorporar todo a obtener una masa suave. Pasar la masa a la mesa ligeramente enharinada y trabajarla unos minutos.

Formar un rollo (un cilindro del grueso de un huevo) y cerrarlo a formar un anillo. Pellizcar las orillas para unirlas y que no se despeguen. Pasar el anillo a la charola engrasada y enharinada y meter al horno (sin encender) para que suba. Cubrir con un trapo limpio. Dejar dos horas hasta que duplique su volumen. Barnizar con un poco de yema y leche. Hornear a calor moderado por 40 minutos. Servir tibio.

Antes de hornear, después de haberlo barnizado con yema y leche, se puede rociar con un poco de azúcar o con ajonjolí.

Si se quiere hacer una corona con queso, hacer un rectángulo angosto con el rodillo y poner al centro una hilera de queso parmesano o gruyere rallado (también puede ser Jack Monterrey o Chihuahua). Doblar las orillas con cuidado y formar un cilindro y luego el anillo o corona. Dejar reposar como dice la receta.

****

FRESAS CON SABAYÓN

300 gramos de fresas limpias y partidas a la mitad. Marinar en un tazón con ¼ taza de tequila – ½ taza de azúcar y 1 cucharada de vinagre de manzana u otro ligero (quizá un balsámico no muy fuerte). Dejar 2 horas.

Aparte, pasar por 2 tazas de agua caliente que no esté en ebullición dos huevos enteros, (con el cascarón) solamente unos segundos. Esto hará que se batan mejor al estar tibios. En un tazón sobre agua caliente, romper los 2 huevos, agregar 3 yemas y 5 cucharadas de azúcar. Batir con el globo constantemente hasta que suba y espese la mezcla. Agregar ½ cucharadita de vinagre balsámico y ½ cucharadita de tequila. Colocar las fresas en copas y servir el Sabayón encima de las fresas.

****

FRITURAS DE PAPA

En un tazón grande batir 2 tazas de papas hechas puré junto con 1 yema, 2 cucharadas de mantequilla derretida, 1 cucharadita de perejil picado finamente, media cucharadita de sal y media cucharadita de cebolla rallada. Agregar pizca de sal de apio y pimienta blanca. Mezclar bien y formar conos pequeños. Introducir los conos en pasta para frituras y freír los conos en una sartén con suficiente aceite bien caliente hasta quedar bien dorados. Pasar con una cuchara perforada a un plato forrado con servilletas de papel para que absorban el exceso de grasa.

Pasta para frituras: 1 taza de harina mezclada con leche a formar un atole ligero (como pasta para crepas), pizca de pimienta blanca, sal al gusto, una cucharadita de mantequilla derretida y media cucharadita de levadura en polvo (Royal). Utilizar un tenedor para colocar la fruta o la masa de papa que se va a freír y con una cuchara bañarla de esta pasta. Tener una sartén con una buena cantidad de aceite bien caliente e introducir los conos de papa o las frutas. (Las rebanadas de manzana resultan excelentes para postre o para servir con carne de cerdo o pavo ahumado. Cuando se usan para postre se rocían con azúcar y canela en polvo.) Los conos de papa suelen acompañar todo tipo de carnes o pescados.

****

FRITURAS DE PLÁTANO

Partir 6 plátanos Tabasco a lo largo y luego a la mitad. Pasarlos por la pasta para frituras y freír en suficiente aceite caliente. Una vez dorados retirarlos con una cuchara perforada y colocarlos sobre servilletas de papel para que escurra el exceso de grasa. Pasarlos a un recipiente refractario y rociar con azúcar glass. Agregar ¼ taza de ron oscuro, caliente y flamearlo. Cuando se consuman las flamas, servir.

Pasta para frituras: 1 taza de harina mezclada con leche a formar un atole ligero (como pasta para crepas), pizca de pimienta blanca, sal al gusto, una cucharadita de mantequilla derretida y media cucharadita de levadura en polvo (Royal). Utilizar un tenedor para colocar la fruta o la masa de papa que se va a freír y con una cuchara bañarla de esta pasta. Tener una sartén con una buena cantidad de aceite bien caliente e introducir los conos de papa o las frutas. (Las rebanadas de manzana resultan excelentes para postre o para servir con carne de cerdo o pavo ahumado.

Cuando se usan para postre se rocían con azúcar y canela en polvo.) Los conos de papa suelen acompañar todo tipo de carnes o pescados.

****

FRITURAS TIPO BUÑUELOS

En una olla pequeña mezclar media taza de agua con 50gr de mantequilla. Poner al fuego a que derrita la mantequilla. Agregar media taza de harina de golpe, moviendo rápidamente con una cuchara de madera. Bajar el calor a mediano y cocinar la masa hasta que forme una bola que se separa de las paredes de la olla. Pasar la mezcla a una batidora y empezar a batir, agregando 2 huevos ligeramente batidos. La mezcla debe resultar en pequeños picos, si es necesario agregar parte de un huevo extra para lograr la consistencia. Añadir ralladura de una naranja, 2 cucharadas de licor de naranja, 1 cucharada de azúcar y media cucharadita de levadura en polvo (Royal).

En otro tazón batir 2 claras de huevo con una pizca de sal hasta formar picos y pasar poco a poco a la mezcla anterior. Enfriar, cubierto, durante una hora.

En una sartén honda con suficiente aceite dejar caer pequeñas cucharaditas de la masa, 4 o 5 a la vez, y freír durante 3 minutos, volteándolas para que esponjen y doren. Sacar con un escurridor sobre toallas de papel para que absorban el exceso de grasa. Pasar a un platón de servicio y rociar con azúcar glass. Servir con salsa de naranja.

Salsa de naranja: en una sartén mezclar 1 taza de mermelada de naranja con 1/3 taza de licor de naranja y 2 cucharadas de jugo de limón. Calentar la mezcla para que se disuelva la mermelada y pasar a una salsera.

****

"G"

GALANTINA DE SALMÓN "COSTA DE ORO"

Cortar en cubos pequeños 1 kilo de salmón muy fresco (pedir al pescadero que lo corte en filetes) y en un tazón de cerámica o barro mezclar el salmón con 1 taza de vino blanco seco, ½ taza de chalotas (*échalotes*) picadas, 2 cucharadas de aceite de oliva, ½ cucharadita de tomillo, pizca de sal, 10 granos de pimienta enteros y 1 hoja de laurel. Cubrir con envoltura de plástico y enfriar 24 horas.

Rebanar en tiras 1 kilo de filetes de lenguado (o pescado blanco llamado Barbero, cualquier pescado que se venda en porciones, sin espinas) y molerlos en la licuadora agregando 1 clara de huevo ligeramente batida. Pasar este puré por tamiz y dejarlo en un tazón junto con 1 ½ cucharaditas de sal, ½ cucharadita de pimienta blanca en polvo y una pizca de páprika dulce. Enfriar el puré, tapado, por una hora. Colocar luego el tazón sobre otro más grande que contenga cubos de hielo picados y agregarle, poco a poco, 2 tazas de crema espesa, ligeramente batida, para que la crema se mezcle bien y forme lo que se llama una *mousseline* muy ligera y esponjada. Añadir 1 taza de pistaches limpios, picados y ligeramente tostados en el horno.

Poner una tercera parte de la *mousseline* en el fondo de un molde de dos litros, enmantequillado, y luego colocar la mitad del salmón, escurrido. Añadir otra tercera parte de *mousseline* y en seguida el resto del salmón. Incorporar lo que resta de la *mousseline*. Cubrir el molde con papel aluminio y colocarlo sobre otro más grande que contenga agua que cubra dos terceras partes del molde. Hornear la galantina en horno previamente encendido, a calor mediano, durante 30 minutos o hasta que cuaje. Retirar del horno, dejar enfriar 15 minutos y meter al refrigerador.

En una sartén mezclar 1 taza de caldo de pescado (que se puede hacer con espina y cabezas de pescado que se compren aparte), ¼ taza de vino blanco seco, 1 cucharada de jugo de jitomate, 1 cucharada de grenetina en polvo, sin sabor (previamente remojada en agua fría) y 1 cucharada de perejil picado, pizca de azúcar y de sal, y pimienta blanca al gusto. Hervir esta mezcla y reducir durante 5 minutos a fuego suave. Pasar por manta de cielo y dejar enfriar en un tazón. Escurrir cualquier líquido que haya quedado en el molde y pasar la galantina a un platón de servicio. Barnizar con el aspic que se preparó con caldo de pescado, vino blanco y grenetina, que ya debe estar un poco espeso. Refrigerar. Para servir, acompañar con Salsa Bernesa (a la cual se le puede agregar 1 cucharadita de puré de jitomate o pasta de jitomate, o una cucharada de chile serrano muy fresco, picado lo más finamente posible, o alcaparras picadas finamente).

****

GALLETAS CON AZÚCAR DE LAVANDA

(El azúcar de lavanda se prepara como sigue: en un recipiente de cristal de boca ancha y tapa hermética mezclar 1 taza de azúcar y 1 taza de flores de lavanda secas. Dejar una semana. Sacudir el frasco de cuando en cuando. Cuando se use para esta receta se repone el azúcar faltante y se agregan más flores de lavanda desmenuzadas. No es complicado conseguir las flores porque se puede comprar una plantita en cualquier vivero y se van cortando las flores, ya que si se dejan demasiado tiempo en el tallo su color cambia a un tono café arenoso. Cuando se cortan frescas las lavandas se dejan secar unos días y luego se usan para este propósito).

215gr mantequilla – media taza azúcar normal – ¼ cucharadita de sal – 2 tazas harina – azúcar de lavanda

Batir la mantequilla con el azúcar. Gradualmente agregar la sal y la harina. Mezclar perfectamente, formar una bola y refrigerar una hora. Precalentar el horno a calor mediano (180°C). Formar bolitas del tamaño de un tejocote y revolcarlas en el azúcar de lavanda. Presionar cada bolita con el pulgar a formar una depresión. Colocar en charola sin engrasar y hornear 12 minutos aproximadamente. No deben dorar. Enfriar.

****

GALLETAS DE CHOCOLATE

1 taza de mantequilla suave (220gr) – ½ taza de azúcar – ½ taza de miel de abeja – 2 huevos – 1 taza de almendras tostadas, ralladas (o nueces) – ½ taza de cocoa – ½ taza de café frío – 1 cucharada de ralladura de naranja – 2 cucharaditas de levadura en polvo (Royal) – 1 cucharadita de canela en polvo – 2 ½ tazas de harina

Batir la mantequilla. Agregar azúcar y miel. Seguir batiendo e incorporar los huevos, uno por uno. Añadir almendras. Tamizar la cocoa, con la harina, Royal y canela en polvo. Agregar a la mezcla junto con el café y la ralladura de naranja. Incorporar todo muy bien. Dejar caer cucharaditas de esta pasta sobre charola enmantequillada o sobre papel especial para horno. Hornear a calor mediano (180°C – 340°F). Enfriar. Decorar con algún betún o glass. Guardar en latas para galletas durante 3 días para que queden suaves ya que al salir se sienten un poco duras, pero por dentro son blandas.

****

GALLETAS DE NAVIDAD "ELEGANTES"

190 gramos de mantequilla suave – 2/3 taza de azúcar – 1 huevo – 2 ½ tazas de harina – 45 gramos de chocolate semi amargo finamente picado

Batir la mantequilla con el azúcar dos minutos. Agregar el huevo y continuar batiendo. Añadir la harina poco a poco hasta que se forme una masa. Dividir en dos. A una mitad se le incorpora el chocolate y se forma un rollo. La otra mitad se extiende a formar un rectángulo. Sobre este rectángulo colocar el rollo de chocolate. Envolver para cerrar y obtener un rollo con la parte blanca al exterior.

Barnizar con huevo batido y luego rociar con azúcar. Envolver los rollos en papel encerado y <u>refrigerar por lo menos 4 horas.</u>

Para hornear: rebanar el rollo y colocar las rebanadas en una charola con papel aluminio ligeramente aceitado o cubrir con papel especial para pastelería. Hornear a calor mediano (170°C) durante 10 minutos.

Nota: Para obtener una cantidad adecuada es mejor preparar doble cantidad de esta receta.

****

GALLETAS DE NUEZ TIPO *MAKRONEN*

300gr de nueces (o avellanas) picadas finamente o molidas en la procesadora – 4 claras de huevo – 200gr azúcar glass

Las claras se baten a punto de nieve y se va añadiendo el azúcar glass para obtener un merengue duro. En seguida se agregan las nueces. Sobre una charola engrasada se van colocando cucharadas de la mezcla. Se separan bien porque se extiende la pasta al hornearse. Hornear a calor **muy suave** durante veinte minutos o más, hasta que se sienta la superficie dura.

****

GELATINA DE FRESA CON FRUTA ESTILO BÁVARO

En un tazón batir 6 yemas con ¾ taza de azúcar hasta que esponje y haga listón al levantar el globo de la batidora. Añadir, lentamente, 1 ½ tazas de leche caliente, no hirviendo a la batidora sin dejar de batir. Pasar la mezcla a una olla y cocinar a fuego lento, sin dejar de mover, con una cuchara de madera, hasta que espese. La mezcla no debe hervir. Retirar del fuego y añadir 2 cucharadas de grenetina sin sabor previamente suavizada en 1/3 taza de agua y 1 ½ cucharaditas de vainilla. Incorporar todo hasta que la grenetina se haya disuelto por completo. Pasar por coladera a un tazón. Enfriar pero sin dejar que cuaje.

Aparte, limpiar 2 tazas de fresas pequeñas muy dulces y hacerlas puré. Poner aparte en un tazón. Agregar media taza de fresas picadas finamente, media taza de duraznos frescos maduros y dulces de preferencia y media taza de manzana ligeramente hervida, picada y 3 cucharadas de Kirsch.

Cuando la natilla haya enfriado y espesado, pero sin cuajar, incorporar las frutas. En otro tazón batir 1 taza de crema hasta que forme picos y añadir a la mezcla. Verter todo en un molde ligeramente aceitado con aceite de almendras dulces. Cubrir con papel aluminio y enfriar por lo menos 4 horas.

****

GELATINA DE TEJOCOTE 🔲 (*creación febrero 1991*)

250gr tejocotes bien lavados – ¾ taza azúcar – 2 sobres de grenetina sin sabor o 2 cucharadas bien llenas – 1 taza de jugo de naranja o mandarina – 1 taza de agua fría

Hervir los tejocotes en agua hasta que estén tiernos. Quitarles las semillas. Licuarlos con 1 taza del agua en que cocieron. Pasar por tamiz. Aparte, mezclar la grenetina en la taza de agua fría y verterla a la mezcla de tejocotes ya molidos, junto con el azúcar. Poner al fuego para que se deshagan azúcar y grenetina. Cuando esté bien diluido todo, retirar del fuego y añadir el jugo de naranja o mandarina. Verter en un molde aceitado y refrigerar. Desmoldar sobre un plato de cerámica o cristal y adornar con copos de crema batida.

****

GELATINA DE ZARZAMORA

Lavar 4 tazas de zarzamoras y colocarlas en una olla con ¾ taza de azúcar y media taza de agua. Cocinar a fuego suave, moviendo de vez en cuando, hasta que estén suaves. Pasar por coladera forrada con manta de cielo, presionando para que salga todo el jugo. El jugo que resulte poner a calentar, sin que hierva. Mezclar 1 cucharada de grenetina en polvo en 2 cucharadas de agua fría para que se disuelva. Incorporar esta grenetina al jugo caliente, y mover hasta que se incorpore bien la preparación. Pasar la gelatina a 6 moldecitos y enfriar hasta cuajar. Servir con un poco de crema batida.

****

GNOCCHI DE ESPINACAS

Lavar perfectamente 1 kilo de espinacas. Escurrir y cocinar en una olla, solamente con el agua que les queda (4 o 5 minutos). Sacarlas y exprimir toda el agua que tengan y picarlas finamente. Mezclar medio kilo de queso *ricotta* o requesón de muy buena calidad, ¼ taza de queso parmesano rallado, 1 huevo ligeramente batido, 1 taza de migas de pan, 2 cucharadas de harina, ¼ cucharadita de nuez moscada recién molida, sal y pimienta al gusto. Tomar una pequeña cantidad de esta pasta entre las manos, previamente enharinadas y formar un pequeño cilindro. Rociarlo con un poco de harina y dejarlo caer en una olla con agua y sal. Cuando los *gnocchi* suban a la superficie dejar cocinar un minuto. Sacarlos con una cuchara perforada y colocarlos en un plato o tazón caliente. Cubrir los *gnocchi* con ½ taza de mantequilla derretida y rociar generosamente con queso parmesano. Servir de inmediato. También se pueden bañar con una salsa *béchamel*.

****

GNOCCHI ESTILO TOSCANA

Hornear 4 papas grandes (tipo Idaho) sin nada que las cubra. Cuando están tiernas se pelan y se pasan por el prensa-papas. Si no se quiere hornearlas también se pueden hervir al vapor. Las papas prensadas se colocan en un tazón y se añade 1 cucharadita de sal, 2 tazas de harina (incorporar poco a poco porque no siempre necesita toda la harina) y un huevo. Mezclar con las manos. Formar una masa y ayudarse con tenedores o con la "raspa". Reunir todo a quedar una masa pegajosa. Reposar a temperatura ambiente durante 1 hora.

Cortar con el cuchillo una rebanada de masa, poner harina en las manos y en la mesa de trabajo y formar un rollo como del grueso de una salchicha. Cortar pedacitos de la talla normal para *gnocchi* y "formarlos" como sigue: con un tenedor volteado por la parte posterior presionar sobre cada pedacito de masa, ayudándose con la otra mano para que no se mueva el *gnocchi*. Va a quedar una figura semi alargada marcada por los dientes del tenedor. Es fácil y rápido. Tener agua hirviendo con sal. Dejar caer los *gnocchi* (pocos a la vez). Cuando floten se retiran con una cuchara perforada. Colocarlos en el platón de servicio y bañarlos con la siguiente salsa.

Salsa: Derretir una cucharada de mantequilla en la sartén. Agregar una taza de hongos *porcini* remojados previamente (no tirar el agua) y picados finamente. Añadir 2 dientes de ajo finamente picados y 1 taza de crema espesa. En seguida agregar media taza del agua en donde remojaron los *porcini* y un poco de azafrán en polvo, pimienta blanca (nunca negra) y media taza de vino blanco de buena calidad. Por último, agregar un poco de perejil picado y queso parmesano recién rallado.

****

"H"

HELADO DE ZARZAMORA CHEZ-MOI 📖 *(San Andrés, abril, 1987)*

3 tazas de zarzamoras tipo americano o frambuesas – 1 taza de azúcar – ralladura de medio limón.

Licuar estos ingredientes con medio vaso de agua. Colar. Poner aparte.

Batir 5 claras de huevo a punto de turrón. Agregar poco a poco media taza de azúcar, sin dejar de batir, hasta que el merengue quede duro. Mezclar la salsa de zarzamoras al merengue. Verter a un recipiente de cristal y meter al congelador. A los 15 minutos, batir con un tenedor o batidor globo para que se mezcle bien el merengue con el jugo de las zarzamoras. Hacer esta operación varias veces hasta que el helado tenga consistencia espesa y cremosa.

Se puede hacer lo mismo con mango fresco: sacar la pulpa de 4 mangos, usar 3 tazas de leche y ½ taza de azúcar (o al gusto). Agregar el merengue como se indica arriba.

****

"J"

JENGIBRE EN DULCE

(Este dulce, tipo fruta 'cubierta', puede usarse para decorar un pan de jengibre o sólo, al final de una comida)

1 pieza de jengibre fresco como de 10cm de largo y 5cm de grueso - 1 taza de azúcar – 1 taza de agua

Pelar el jengibre y cortar en rebanadas muy delgadas, con el pelador de verduras (también se puede rebanar a dejar unos bastoncitos alargados.) Mezclar el azúcar y el agua. Hervir. Cuando el azúcar se haya disuelto reposar 5 minutos. Agregar las rebanadas de jengibre y cocinar a fuego suave hasta que éstas se vean casi transparentes. Escurrir las rebanadas y pasarlas por azúcar a quedar bien cubiertas. Este dulce se puede guardar varios días en un recipiente con tapa hermética o se puede refrigerar dos o tres semanas.

****

"L"

LASAÑA *(Lasagna)*

Preparar la salsa de jitomate: en una sartén freír ligeramente en ¼ taza de aceite de oliva, 1 cebolla grande picada, 1 diente de ajo picado y 6 ramas de perejil finamente picadas. Saltear unos minutos y luego agregar 2 ½ tazas de jitomates (pueden ser los que vienen empacados en *tetrapack* o frescos, asados, pelados y sin semillas). Añadir también 2 cucharadas de pasta de jitomate concentrado, ½ taza de agua, 2 hojas de laurel, sal y pimienta al gusto. Agregar medio kilo de carne molida muy buena, separándola con el tenedor para que se deshaga bien el picadillo. Cubrir la sartén y cocinar a fuego suave durante una hora. Mover de vez en cuando. Retirar las hojas de laurel. Dejar a un lado y preparar la siguiente salsa.

Preparar la salsa de queso: en una sartén freír 1 cebolla chica picada finamente, en ¼ taza de mantequilla hasta que la cebolla esté transparente, pero que no cambie de color, no debe ponerse oscura. Añadir 3 cucharadas de harina y cocinar esto unos minutos. Agregar 2 tazas de leche caliente, ¾ taza de queso parmesano rallado y una pizca de sal. Cocinar la salsa a fuego suave hasta que espese ligeramente. Batir en un tazón 2 yemas de huevo, agregar un poco de la salsa de queso e incorporar todo a la salsa de queso, sin dejar de mover. Dejar a un lado.

Las hojas de lasaña pueden hervirse, pero ahora existen marcas (Barilla) que se pueden utilizar en crudo y colocarlas directamente en el molde refractario). Colocar un poco de salsa en el fondo del refractario, luego una capa de lasaña. Agregar más salsa de carne y luego un poco de salsa de queso. Continuar haciendo capas de pasta y salsas. Hornear la lasaña cubierta con papel aluminio a horno mediano unos 20 a 30 minutos. Retirar el papel aluminio y poner bajo el asador a gratinar (si se tiene forma de gratinar de esta manera). Si sobra salsa vaciar en una salsera para que los comensales se sirvan más.

Otra salsa para Lasaña

En una sartén freír con aceite de oliva 1 cebolla mediana picada finamente y 1 poro mediano rebanado finamente por la parte blanca. Cocinar 3 minutos moviendo todo el tiempo. Agregar 1 diente de ajo picado y 4 calabacitas medianas picadas. Saltear unos minutos hasta que las legumbres estén suaves. Retirar del fuego. Agregar la mitad de la salsa de jitomate y hierbas (la receta se proporciona en seguida).

En un tazón mezclar 350gr de *ricotta* (requesón escurrido), 1 huevo ligeramente batido, 2 cucharadas de perejil fresco picado y media taza de queso *provolone* rallado así como media taza de queso parmesano rallado. Incorporar sal y pimienta. Poner aparte.

Salsa de jitomate y hierbas de olor

Quitar la piel a 6 jitomates (1 ¾ kilos) y retirar las semillas. Cortar en cuadritos. Dividir en dos. Licuar una mitad. En una sartén grande calentar ½ taza de aceite de oliva de buena calidad. Agregar los jitomates picados y los que se licuaron. Cocinar unos minutos. Agregar ½ taza de albahaca fresca picada, 1 cucharada de salvia picada (fresca es mejor), 1 cucharada grande de orégano fresco picado (o 1 cucharadita deshidratado), 1 cucharadita de perejil fresco picado, 1 cucharadita de hojas de tomillo fresco (cuidar que no vayan las ramitas que son duras), 2 cucharadas de hojas de menta fresca picadas, más ¼ taza de cebollín fresco picado. Incorporar sal y pimienta recién molida, pizca de azúcar y ½ taza de vino tinto. Cocinar unos minutos para que se incorporen bien los aromas. Utilizar esta salsa para la lasaña y para diversas pastas.

****

LASSI (*bebida de yogurt y cardamomo de la India*)

El *Lassi* nace en la provincia del Punjab y se bebe frío por ser sumamente refrescante y digestivo. También puede prepararse salado y se condimenta con comino y pimienta. Puede llevar una gran variedad de frutas como el mango, plátano o papaya. Su sabor original lleva el perfume del cardamomo y la canela, y puede ser acompañado con agua de rosas y jengibre. Se sirve con hielo picado.

2 tazas de yogurt natural sin azúcar – 1 taza de leche y 1 taza de agua - 5 cubos de hielo – una cucharada de agua de rosas – media cucharadita de cardamomo en polvo – pizca de jengibre en polvo (opcional) – (si no se encuentra el agua de rosas puede omitirse).

En la licuadora colocar el yogurt, el agua y los cubos de hielo. Procesar hasta que se trituren bien los hielos. Añadir leche al gusto, el agua de rosas y el cardamomo. Se puede agregar un poco de azúcar o sal, según el uso que le vayan a dar. Si se quiere agregar fruta se usará media una taza de papaya, mango o plátano.

****

LECHE DE ALMENDRAS

La leche de almendras es deliciosa y puede usarse en muchos casos para remplazar la leche de vaca.

-4 tazas de agua filtrada - 1 taza de almendras crudas que han estado en remojo 4 horas

- algo para endulzar o dar sabor como pizca de sal, miel de abeja, extracto de vainilla, nuez moscada, etc.

Remojar cuatro horas las almendras con todo y piel. Colar. Colocar en licuadora junto con el agua filtrada y licuar en alta velocidad durante un minuto. Colar a través de manta de cielo o bolsa de tela que se usa para filtrar café. Cerrar la bolsa y presionar fuertemente para que pase toda la leche. Endulzar al gusto o utilizar algún extracto para perfumar.

****

LECHE QUEMADA (*dulce tradicional mexicano*)

Hervir 3 litros de leche con ¾ kilo de azúcar y una vaina de vainilla. El cocimiento debe ser a fuego fuerte para que consuma. Cuando empiece a espesar, mover constantemente a fuego lento para que no se corte.

Cuando se vea el fondo del cazo, dejar caer una cucharadita en un plato y si no se corre ya está lista la leche quemada. Colocar el recipiente sobre agua con hielos y seguir moviendo hasta que entibie.

Refrigerar. Servir con lenguas de gato o cualquier otro tipo de galleta fina.

****

LINZER TORTE

1 taza de harina cernida – la punta de un cuchillo de Royal – ¾ taza azúcar – 200gr mantequilla – 1 taza almendras ralladas sin pelar – 2 gotas de esencia de almendra – la punta de un cuchillo de clavo en polvo – ½ cucharadita de canela en polvo – ralladura de un limón – 3 yemas

Batir el azúcar con la mantequilla. Agregar las yemas y la ralladura de limón. Ya sin batir, añadir la harina tamizada con el Royal (levadura en polvo) y las almendras. Incorporar la esencia de almendra, el clavo y la canela. Pasar esta pasta a un molde spring form y cubrir el fondo y los lados. Apartar un poco de pasta para el enrejado de encima. Colocar encima mermelada de frambuesa, zarzamora, ciruela o chabacano. Cubrir con unas tiras de pasta para formar el enrejado. Hornear a calor mediano 25 minutos.

Nota: esta masa es buena para galletas o para pequeñas tartaletas.

****

LOMO DE CERDO CON CIRUELAS

Sellar 1kilo o 1 ½ kilos de lomo con aceite bien caliente. Dorarlo de todas partes. Se puede freír en la olla exprés directamente. Retirar el exceso de aceite y bañar con un licuado hecho a base de: 2 tazas de ciruelas pasas deshuesadas, 1 cebolla picada, media taza de azúcar, 1 taza de agua, media taza de vino tinto y pizca de sal. Poner la tapa a la olla exprés y cocinar media hora a fuego moderado. Dejar enfriar y abrir para revisar si no le falta líquido. Añadir más vino tinto (1/2 taza y dos cucharadas de azúcar - puede ser azúcar mascabado). Volver a tapar y cocinar otra media hora.

Para servir: rebanar y acompañar con arroz amarillo o puré de papa (también papas a la crema, papas y zanahorias glaseadas, etc.)

****

LOMO DE CERDO CON PULQUE

Freír un kilo de lomo de cerdo en mitad aceite y mitad mantequilla. Agregar litro y medio de pulque por cada kilo de carne y cocinar hasta que esté suave. Para servir, preparar un poco de caramelo y agregar a la carne. Se sirve rebanado con papitas doradas.

****

"M"

MACARRONES DE ALMENDRA

Batir 3 claras con una pizca de crémor tártaro. Incorporar 2 ¼ tazas de almendras molidas, 1 taza de azúcar y 2 cucharadas de harina. Mezclar. Dejar caer cucharadas en una charola forrada con papel aluminio o con papel especial para hornear (de la marca alemana o papel pergamino especial para repostería). Hornear en horno precalentado suave (160°C – 300°F). Salen aproximadamente 30 macarrones.

****

MALFATTI (*Otro tipo de Gnocchi*)

Colocar en un tazón un poco de espinacas cocidas y picadas, frías (menos de una taza). Agregar 1 taza de *ricotta* (requesón), ½ taza de *mascarpone* (o queso crema), 1 huevo, ½ cucharadita de nuez moscada, ½ taza de queso parmesano rallado y 1-2 tazas de harina. Incorporar 1 diente de ajo picado finamente (al gusto, puede omitirse) y 2 cucharaditas de albahaca fresca picada. Terminar con una cucharada de aceite de oliva. Formar una masa. Refrigerar tapada con trapo una hora.

Pasado este tiempo, formar las bolitas con la mano, como del tamaño de una nuez. Colocarlas sobre un plato con un poco de harina. Cubrir con un paño y refrigerar otra hora.

Hervir los *gnocchi-malfatti* en suficiente agua con sal. Cuando suban a la superficie se retiran con una cuchara perforada y se colocan dentro de una sartén con mantequilla derretida. Se agrega bastante queso parmesano rallado al momento y se sirven.

Nota: También se pueden servir con diferentes salsas (al gusto), como salsa de jitomate, salsa blanca con champiñones, etc.

****

MANCHAMANTELES *(Antigua cocina mexicana)*

Un pollo en piezas – 3 dientes de ajo – 1 cebolla mediana – 1 zanahoria – 1 jitomate grande – 1 rama de apio – aparte media cebolla - 4 chiles anchos (o 2 pasilla y 2 mulatos) – 5 pimientas gordas enteras – 2 clavos de olor enteros – 1 rama de canela – manteca de cerdo – 1 plátano macho – 1 rebanada de piña picada – 1 cucharada de azúcar – 1 camote cocido.

Se ponen a hervir las piezas de pollo con ajo, cebolla, sal y la zanahoria. Aparte, se fríe el jitomate en cuarterones junto con el apio y la cebolla picados y después se licuan junto con los chiles tostados previamente, desvenados y remojados, las pimientas, el clavo de olor y la canela. Se cuela y se fríe en manteca a quedar "chinito" (es decir, que el aceite suba a la superficie) y se añade un poco de caldo en que coció el pollo. Luego se agregan las piezas de pollo, el plátano rebanado, la piña, sal y azúcar y el camote en trozos. Se deja hervir a que las frutas estén suaves.

Se puede acompañar con frijoles y tortillas.

****

MANTEQUILLA CLARIFICADA

(Siempre es recomendable utilizar mantequilla clarificada para cualquier tipo de guiso.)

En una olla pequeña poner a derretir 225 gramos de mantequilla muy fresca, a fuego lento. Una vez que haya derretido, retirar la espuma que se forma en la superficie. Seguir cocinando unos cinco minutos más. Verter sobre un tazón de vidrio o cerámica, teniendo cuidado de no añadir la parte blanca que está en el fondo porque esto es el suero de la leche y otros elementos que conforman la mantequilla. Eso se tira. Mantener en refrigeración. Usar cada vez que se necesite una grasa fina que no se queme. Esta preparación recibe el nombre de *ghee* en la India.

****

MARMOR KUCHEN

(Panqué marmoleado – receta de mi amiga Sabine)

250gr mantequilla combinada con natas o requesón – 250gr azúcar – 400gr harina – 4 huevos – ½ a 1 taza de leche – 1 cucharadita de Royal – ralladura de limón o 1 cucharadita de extracto de vainilla – 1 sobre de Kremel de vainilla (o de la marca Dr. Oetker alemana).

Batir mantequilla, requesón y azúcar hasta quedar cremosa la mezcla. Agregar los huevos uno a uno y luego incorporar harina, royal, leche y Kremel, así como la ralladura de limón o la vainilla. Verter ¾ de la masa en un molde engrasado y enharinado, de preferencia en forma de corona. Lo que resta de la masa se revuelve con 2 cucharadas de cocoa y ¼ taza de azúcar (y un poco de ralladura de naranja si se usó extracto de vainilla) y se incorpora a la masa blanca con uno o dos movimientos envolventes sólo para que quede veteado el pan.

Nota: Para hacerlo de natas, usar una taza de natas, 1 taza de azúcar, 2t de harina y 4 huevos. A la masa blanca se le pueden agregar pasitas blancas picadas.

****

MASA PARA PAN LLAMADA "ESPONJA"

Embarrar con mantequilla una charola rectangular para galletas. Forrar la charola con papel encerado y engrasarlo con mantequilla.

Aparte, en un tazón, batir 4 yemas y 1/3 taza de azúcar hasta que la mezcla haga listón. En otro tazón batir las 4 claras de huevo con pizca de sal a punto de merengue. Agregar a las claras una cucharada de jugo de naranja y 1 cucharadita de ralladura de naranja.

Agregar una parte de las claras a la mezcla de yemas e incorporar suavemente. Añadir las claras restantes. Tamizar 1/3 taza de harina sobre de ellas y envolver perfectamente la masa hasta que no quede ningún rastro de clara blanca en la preparación.

Pasar esta pasta a la charola, alisarla muy bien con una espátula de metal y hornear a horno precalentado mediano durante 15 minutos o hasta que esté ligeramente dorado por encima. Sacar del horno e invertir el pan sobre otra hoja de papel encerado, dejar que enfríe un poco y retirarle papel de la base. Cortar el pan esponja en las formas deseadas, por ejemplo: bastones para forrar un molde Carlota, o cuadritos para hacer *petits fours* o cortar a la mitad para hacer un pastel cuadrado.

****

MAYONESA FÁCIL PREPARADA EN LICUADORA

Verter un huevo en la licuadora, agregar 5 cucharadas de jugo de limón fresco, 1 cucharadita de mostaza en polvo, ¾ cucharadita de sal y un poco de pimienta blanca. Encender el motor y agregar muy lentamente 1 taza de aceite de oliva (o mezcla de aceite de cocinar y aceite de oliva). Apagar el motor. Agregar una cucharada de agua tibia si la mayonesa está demasiado espesa. Sale una taza.

****

MAYONESA *(otra)*

En el tazón pequeño de la batidora mezclar 2 yemas de huevo duro y dos yemas crudas, 1 cucharada de mostaza tipo Dijon, media cucharadita de sal y pizca de azúcar. Batir a alta velocidad, agregando 1/3 de taza de aceite de oliva, gota a gota, hasta que se haya consumido. Sin dejar de batir, agregar en chorro delgado continuo media taza de aceite de oliva, deteniendo de vez en cuando el motor para incorporar bien lo que haya salpicado a las paredes del tazón. Añadir una cucharada de jugo de limón. Sale 1 taza.

Otra opción más ligera: adelgazar con media taza de yogurt natural y agregar hierbas finas picadas (perejil, eneldo o estragón frescos).

****

MEDALLONES DE FILETE A LA DIABLA

6 medallones (o filetes *mignon* con su cinturón de tocino) – 20 granos de pimienta entera machacados grueso (no molidos en pimentero) – 1 taza de vino tinto – 8 cebollas de rabo chicas – 1 cucharada de estragón desmenuzado – 1 cucharada de harina – media taza de consomé de carne concentrado – 1 cucharada de Cognac

Picar las cebollas finamente y agregarles el vino tinto y 5 granos de pimienta y el estragón. Hervir ligeramente.

Aparte, se fríen los medallones con mantequilla clarificada y se van retirando a un platón. En el jugo que dejó la carne se dora la harina y se añade la taza de consomé, las cebollas hervidas junto con el vino y el resto de la pimienta machacada grueso. En seguida se añade el Cognac y la sal. Cocinar dos minutos. Retirar del fuego y agregar las 2 cucharadas de mantequilla. Cuando se haya derretido ésta se vierte sobre los filetes.

****

MERMELADA DE RUIBARBO A LA ANTIGUA

1 kilo de tallos de ruibarbo – 5 ½ tazas de azúcar – 2 cucharaditas de ralladura de naranja – 1/3 taza jugo de naranja – 4 cucharaditas de ralladura

de limón – 3 cucharadas de jugo de limón – gotas de colorante vegetal rojo (opcional)

Lavar el ruibarbo y limpiarlo como si fuera apio. Rebanar los tallos. En una olla esmaltada mezclarlo con el azúcar, ralladura de frutas y jugos. Dejar reposar, tapado, media hora. Hervir después y bajar el fuego una vez que hierva para cocinar suavemente media hora, moviendo de vez en cuando. Cuando espese y ya tome consistencia de mermelada, agregar una gota de colorante. Verter en frascos esterilizados y sellar al vacío.

****

MERMELADA "LUSTIKA" 🖼

Esta receta la hice en honor de mi perrita poco después que ella murió, en 1987

1 piña grande madura – ¾ taza de jengibre fresco pelado y picado – 8 manzanas – 2 limones

Pelar la piña, quitarle todos los puntos negros, descartar el corazón y picarla finamente. Medir lo que se obtiene de pulpa y de esa cantidad agregar un poco más de la mitad de azúcar.

En una olla esmaltada colocar la piña, el azúcar, jengibre y 4 tazas de agua. Cocinar a fuego mediano durante una hora, moviendo frecuentemente. Retirar y al día siguiente pelar las manzanas y picarlas en pequeños cubos. Colocarlas en otra olla, agregarles un poco de agua y hervirlas hasta que estén suaves. Agregar las manzanas a la piña y hervir todo una hora a fuego suave. Enfriar y licuar. Hervir nuevamente junto con el jugo de los limones, 10 minutos solamente. Envasar.

****

MIGAS DE CHILE PASILLA *(cocina tradicional mexicana)*

8 chiles pasilla – 8 bolillos – 8 yemas – 6 dientes de ajo (al gusto) – 3 tazas de caldo de pollo – sal – aceite para freír

Pelar los ajos y freírlos. Cuando estén negros se sacan y se descartan. Ahí mismo se fríen los bolillos cortados en rebanadas y se añade el caldo. Al soltar el hervor se agregan poco a poco las yemas batidas ligeramente moviendo rápidamente. Se adorna con los chiles ligeramente fritos, remojados en agua caliente, y cortados en trocitos. También se puede acompañar con rebanadas de queso.

****

MOLE CRIOLLO *(de la añeja cocina mexicana)*

En una cazuela se doran algunos ajos y cebolla rebanada en "plumas". Serán unos 5 dientes de ajo y 1 cebolla grande rebanada. Cuando estén ligeramente dorados se agregan 50gr de nueces, 50gr de cacahuates, 50gr de almendras y 50gr de avellanas. Se saltean unos segundos y luego se añaden 6 galletas Marías más 1 bolillo viejo rebanado, tostado en el horno o en el comal. También se agrega 1 tortilla tostada previamente, 3 cucharadas de azúcar y 1 cucharada de sal.

Aparte, freír 1 plátano macho. En una sartén pequeña dorar un poco las siguientes especias: 1 raja grande de canela, 3 clavos de olor, unas semillas de cilantro, un poco de ajonjolí, 3 pimientas gordas y un poco de comino en polvo. Tener cuidado que no se vayan a quemar. Esto se hace rápido y con fuego suave.

Usar 10 chiles anchos asados, abiertos y quitadas las semillas y puestos en agua tibia; 6 chiles pasilla preparados de la misma manera y 5 chiles mulatos. Cuando todos los chiles están suaves se escurren y se licuan con un poco de caldo de pollo. Todos los ingredientes anteriores también se licuan con caldo de pollo. En total se usarán 4 tazas de caldo de pollo. Una vez que estén todos los ingredientes perfectamente molidos se pasarán de nuevo a la cazuela y se probará si necesita más sal o más caldo. A este mole se le añadirán las piezas de pollo o carne de puerco cocidas. También se puede hacer como platillo vegetariano con legumbres al gusto.

Esta receta se puede utilizar para hacer unas enchiladas. Se fríe la tortilla ligeramente, se introduce en el mole y se saca para doblarla sobre el plato de servicio. Se puede rellenar con carne deshebrada o con frijoles refritos. Se bañan las enchiladas con crema y queso desmoronado.

****

MOLE DE CAMARÓN 🔳 *(receta original, Ajusco, 1994)*

2 tazas de mole tipo poblano ya preparado – 1 cucharada de polvo de camarón (*) – 1 papa grande cocida – ½ taza frijoles negros cocidos

(*) En México, el polvo de camarón se compra en tiendas en donde venden chiles secos, nueces, almendras, alubias y frijoles, entre otras cosas. Si no hay tiendas de este tipo en donde vives, lo puedes preparar tú misma comprando camarón seco y moliéndolo perfectamente. Se pasa por tamiz y el polvo fino se usa para esta receta y otras como el caldo de camarón.

Licuar todos los ingredientes, colar, probar de sabor (que no esté muy salada la preparación). Calentar. Para servir, dejar caer un chorro de este mole (al estilo *nouvelle cuisine*) sobre el plato limpio, formando un espejo, y encima unos hilos de crema sola. Colocar sobre este adorno un filete de pescado frito o rebozado y un camarón gigante a la parrilla. En vez del camarón se puede adornar con plátano frito.

****

MOLE DE DOS CHILES

1 chile pasilla asado y desvenado – 4 chiles mulatos asados y desvenados – 3 cucharadas de manteca de cerdo – 20 almendras – 2 cucharadas de ajonjolí (sésamo) – 1 o 2 cucharadas de pasitas – media barrita de chocolate (10gr) – 1 trozo de plátano macho (plaintain) – ½ tortilla dura – 1 ½ tazas de caldo de pollo – sal al gusto

Remojar los chiles durante 10 minutos. En una sartén calentar dos cucharadas de manteca y freír las almendras, ajonjolí, chocolate, plátano y tortilla. Guisar dos minutos. Agregar los chiles escurridos y freír un poco más. Licuar estos ingredientes perfectamente y la pasta que resulte volver a freír en la cucharada de manteca restante. Añadir el caldo de pollo y sal al gusto. Cocinar 15 minutos o hasta que espese la salsa. Este mole puede usarse para enchiladas, con carne de puerco hervida o piezas de pollo asadas.

****

MOUSSE DE AGUACATE

Moler en la licuadora o en procesador: 1 taza de pulpa de aguacate – ¾ taza mayonesa – ½ taza de rajas de chiles poblanos asados y sin piel – 3 cucharadas de crema fresca.

Agregar a esta mezcla 1 cucharada de grenetina sin sabor diluida en un poco de agua fría y puesta luego en baño maría. Añadir sal y pimienta al gusto a la preparación. Verter en molde y refrigerar cuatro horas o toda la noche. Desmoldar y servir con pan negro, galletas o *totopos*.

****

MOUSSE DE ATÚN

Moler en licuadora o procesadora: 2 latas de atún tamaño normal, sin agua ni aceite – 4 cucharadas de salsa Catsup – ½ taza de mayonesa – ½ taza de crema – varias hojas tiernas de apio.

Mezclar dos cucharadas bien llenas de grenetina sin sabor en media taza de agua. Poner a baño maría para diluir. Una vez lista la grenetina, añadir al atún junto con 1 pepinillo dulce picado finamente. Verter en molde. Refrigerar. Desmoldar y servir con pan negro, galletas saladas o triángulos de pan tostado. También se pueden llenar pequeños *ramequins* para servir sobre una hoja de lechuga, como antipasto, y como guarnición rebanadas de jitomate y huevo duro.

****

MOUSSE DE MORAS

Este postre utiliza fresas, frambuesas, zarzamoras o blueberries de la estación o congeladas

2 tazas de crema especial para batir – 6 claras de huevo – 2 tazas de moras – 1 taza de azúcar – jugo de un limón grande – aguardiente Kirsch o Crema de Cassis – 2 cucharaditas de grenetina sin sabor – ¼ taza de agua hirviendo

En un tazón batir la crema a formar picos, como Chantilly. En otro tazón batir las claras con una pizca de sal y ½ cucharadita de crémor tártaro hasta formar merengue. Refrigerar.

Aplastar las moras en un procesador de alimentos, en licuadora o a mano y mezclarlas con el azúcar, jugo de limón y licores. Mezclar la grenetina en polvo con un poco de agua y en seguida, poner a baño María para que se haga líquida. Enfriar un poco y agregar a las moras. Incorporar las claras a la crema batida y luego mezclar a la preparación de moras. Probar para ver si no necesita un poco más de licor. Colocar en tazones individuales o copas. Adornar con moras frescas.

****

MOUSSE DE ROQUEFORT

Rociar un sobre de grenetina sin sabor (1 cucharada sopera) sobre ¼ taza de agua fría. Cuando esté suave, disolverla a baño María y dejar que enfríe un poco. Aparte, pasar por tamiz 180gr de queso Roquefort y mezclarlo con 180gr de queso crema suave. Incorporar media taza de crema espesa, la grenetina disuelta, 1 cucharada de cebolla rallada, 5 aceitunas verdes picadas, y sal y pimienta al gusto. Verter la mezcla a un molde. Refrigerar. Desmoldar cuando haya cuajado y servir con galletas. Servir esta *mousse* a la hora del aperitivo, como "botana". También se puede verter sobre pequeños moldes que serán desmoldados al centro de un plato y rodeados de ensalada.

****

"N"

NATILLA DE ZARZAMORA

Lavar 4 tazas de zarzamoras. Escurrir. Mezclar las frutas con ¾ taza de azúcar y cocinar a fuego suave hasta que se suavicen. Retirarlas del fuego y agregar 2 cucharadas de jugo de limón. Presionar las zarzamoras a través de un colador y enfriar el puré que salga.

Calentar 2 tazas de leche. Aparte, en un tazón mezclar 1/3 taza de azúcar con 1 ½ cucharadas de Maizena (fécula de maíz), pizca de sal y 2 huevos. Poco a poco incorporar la leche caliente a esta mezcla y volver al fuego, moviendo constantemente con un batidor (globo de mano) hasta que la mezcla empiece a espesar. Retirar del fuego. Añadir 1 cucharada de extracto de vainilla. **Dejar que enfríe totalmente** y agregar el puré de zarzamora. Llenar unas copas de helado con esta natilla y decorar con crema batida.

****

NOGADA

Esta receta la saqué de uno de mis libros de cocina antiguos (un tesoro) y la quise agregar como detalle nostálgico.

Se toman cien nueces, se mondan desde la noche anterior y se van echando en agua fría. Al otro día se muelen y ya que se bajaron del metate, se muele por separado un queso fresco, 4 onzas de pepitas de calabaza bien lavada para que se le quite el pellejito verde que las cubre, el migajón de una torta de pan remojado, 2 dientes de ajo asados, 4 clavos de olor y lo que se coge con dos dedos de cominos. Ya molido todo, se revuelve con la sal correspondiente. Esta nogada se sirve sobre chiles rellenos de picadillo o por separado para

acompañar otros platillos. Si se sirve sobre chiles poblanos rellenos, se adorna
con granos de granada y perejil deshojado.

En la actualidad, por la pereza de limpiar las nueces frescas, algunas personas preparan la nogada con las nueces secas que se usan para repostería, pero el sabor es muy distinto. Si se tiene paciencia se puede probar no con cien nueces, sino con unas 30 para saborear la verdadera nogada. Algunos restoranes muelen las nueces con leche evaporada o crema y esto tampoco da el gusto real. En tiempos pasados, al moler las nueces en el metate, le agregaban un pedazo de queso de cabra o queso fresco de vaca, que era parte de la receta original.

Puedes probar a hacer una verdadera nogada de la siguiente manera: limpias 30 nueces frescas y las mueles en la procesadora junto con los ingredientes aquí mencionados, con una pizca de clavo de olor en polvo en lugar de los clavos enteros y sin ajo para que no le quite el sabor de la nuez. El comino debe ser un suspiro nada más.

****

"P"

PAN DE AGUACATE

(Este pan sirve para acompañar la comida)

-2 tazas de harina – ¼ taza azúcar – 1 cucharadita de levadura en polvo (Royal) – ½ cucharadita de bicarbonato – pizca de sal – 1 huevo – ½ taza pulpa de aguacate – ½ taza leche – jugo de limón – 2 cucharadas de pistaches picados – 1 cucharada de semillas de girasol – (cuando se quiera hacer este pan para el desayuno o la hora del té se agregarán 2 cucharadas de pasitas blancas en vez de las semillas de girasol.)

En un tazón tamizar la harina con el azúcar, levadura, bicarbonato y sal. En otro tazón batir ligeramente el huevo, la pulpa de aguacate hecha pasta y la leche, a la que se agregaron unas gotas de jugo de limón. Por último, incorporar pistaches y semillas de girasol. Mezclar todos los ingredientes. Pasar la masa a un molde engrasado y enharinado y hornear a fuego mediano durante 45min aproximadamente.

****

PAN DE FRUTAS NAVIDEÑO

450gr mantequilla suave – 300gr azúcar mascabado y 1 taza de miel de abeja – 10 huevos – 4 tazas harina – 2 cucharaditas de canela en polvo – 2 cucharaditas de levadura en polvo (Royal) – 1 cucharadita de allspice o pimienta dulce – ½ cucharadita de cardamomo o macis - ½ cucharadita de sal – 1 ½ tazas de chabacano deshidratado (orejones) o duraznos o ciruelas pasas remojados y picados – 350gr nueces molidas – 250gr dátiles picados y 150gr pasitas blancas – 1 taza de néctar de chabacano o jugo de naranja – ½ taza de crema ligera – 2 cucharadas de jugo de limón

Batir la mantequilla con el azúcar y la miel. Una vez que haya esponjado agregar los huevos uno por uno y seguir batiendo unos minutos más. Tamizar la harina con el Royal, especias y sal. Mezclar la mitad de estos ingredientes con la crema de mantequilla y azúcar.

En la mezcla de harina restante combinar las frutas y las nueces junto con el néctar de chabacano o jugo de naranja. Combinar las dos preparaciones y verter la pasta en moldes rectangulares embarrados con mantequilla y enharinados. Hornear a calor suave (170°C) durante dos horas o menos. Después de una hora probar con un palillo para ver si ya están cocidos. Sacar del horno y enfriar. Mezclar 1 taza de brandy y ¼ licor de naranja. Desmoldar los panes y rociar este líquido sobre de ellos. Envolver en papel aluminio. Guardar una semana antes de comerlos.

****

PAN DE LEVADURA RUSO

En un tazón pequeño verter un sobre de levadura activa en ¼ taza de agua tibia y 1 cucharadita de azúcar. Dejar 10 minutos a que forme espuma. En un tazón grande tamizar 2 tazas de harina con 3 cucharadas de azúcar y media cucharadita de sal. Agregar 50gr de mantequilla fría, cortada en pedacitos y mezclar con un tenedor a quedar grumos. Añadir 2 huevos ligeramente batidos, ½ taza de crema ligera y la mezcla de levadura. Formar una masa. Pasar la masa a una superficie enharinada y trabajar 5 minutos o hasta que se vea satinada y esté suave. Hacer una bola. Pasarla a un tazón enmantequillado, envolviéndola para que se cubra de la mantequilla, tapar con un trapo y dejar cerca de un lugar tibio durante hora y media o hasta que haya doblado de tamaño. Golpearla con los puños algunas veces, sobre una superficie enharinada y formar un rollo de 5cm de grosor. Darle vueltas como un moño a formar un *pretzel*.

Pasar la masa a una charola enmantequillada y dejar que vuelva a subir, tapada con un trapo, cerca de un lugar tibio, por 30 minutos o hasta que doble su volumen. Barnizar con un huevo batido con una cucharada de crema. Hornear a calor fuerte durante 15 minutos. Tapar con papel aluminio y hornear otros 10 minutos. Si al cabo de ese tiempo ya está bien cocido el pan, pasarlo a una rejilla. En un tazón pequeño mezclar 2 cucharadas de miel y 2 cucharadas de brandy de durazno (o brandy solo, si no se tiene el de durazno) y barnizar el pan con este glaseado.

****

PAN DE MANZANA PARA LA HORA DEL TE

Batir ½ taza de mantequilla durante un minuto. Agregar poco a poco ¾ taza de azúcar mascabado. Seguir batiendo hasta que quede ligera y esponjada la mezcla. Añadir 2 huevos y batir bien después de cada uno. Incorporar 2 cucharadas de crema espesa y 1 taza de manzanas finamente picadas. Tamizar 2 tazas de harina con 2 cucharaditas de levadura en polvo (Royal), 1 cucharadita de bicarbonato, 1 cucharadita de sal, media cucharadita de canela en polvo, ¼ cucharadita de nuez moscada y ¼ cucharadita de jengibre en polvo. Mezclar las harinas con 1 taza de nueces picadas (o ½ taza de pasitas) y agregar a la mezcla de manzanas y mantequilla. Añadir un chorrito de leche (menos de ¼ taza) y otra cucharada de crema espesa. Vaciar la masa dentro de un molde rectangular (tipo *pound cake*) previamente engrasado y enharinado. Dejar en reposo 20 minutos. Hornear, después, a calor moderado durante 45 minutos. Sacar del horno y enfriar 5 minutos antes de desmoldar.

****

PAN DE NAVIDAD DE BRUSELAS

Picar: 100gr de citronat suave (*) – 100grn nueces – 200gr almendras revueltas con un poco de avellanas y pistaches – 200gr pasitas. Remojar citronat y pasitas en 4 copitas de Jerez.

Batir: 225gr mantequilla con 300gr azúcar, pizca de sal y de nuez moscada. Agregar 6 huevos uno por uno.

Mezclar: a la mantequilla batida, 450gr de harina tamizada con 2 cucharaditas de Royal y, por último, incorporar las nueces y las frutas escurridas. No usar el Jerez.

Verter la masa a moldes rectangulares tipo *pound cake*, engrasados con mantequilla y enharinados. Hornear a calor mediano (180°C) durante media hora o hasta que salga el palillo de prueba seco. Enfriar un poco y desmoldar. Para servir de inmediato, rociar con azúcar glass. Si se van a guardar varias semanas, bañarlos con licor de naranja y ron. Adornar con rajitas de citronat y mitades de almendra, y envolver con papel aluminio. Refrigerar.

(*) Esta fruta, conocida en México como cidra, se usa mucho en Europa para repostería. Se trata de un cítrico de gran tamaño que prácticamente no tiene jugo. La cáscara se hace en conserva y queda muy bien en panes de levadura como el *stollen* alemán.

****

PANECITOS SALADOS PARA LA MESA

3 tazas de harina – 3 cucharadas de azúcar – 3 cucharaditas de polvos de hornear Royal – 1 cucharadita de crémor tártaro y ½ cucharadita de bicarbonato – 1 paquete de queso crema (180gr) – 3 cucharadas de crema espesa – 3 cucharadas de mantequilla suave – 2 huevos ligeramente batidos

Tamizar la harina con el azúcar, Royal, crémor tártaro y bicarbonato. Pasar a un tazón, y agregar el queso, la crema y la mantequilla. Con los dedos ir formando la masa al tiempo de agregar los huevos.

Amasar sobre la mesa enharinada. Debe quedar una masa bien incorporada y no demasiado dura. Extender con el rodillo a dejarla ligeramente gruesa. Cortar cuadros de 5 x 5cms (2") o círculos. Rociar con sal. Colocar sobre una charola, sin engrasar, y hornear a 180°-190°C por 10 minutos. Deben dorar ligeramente. También se pueden barnizar con un poco de leche y rociar ajonjolí encima.

Por la cantidad de polvos de hornear que llevan suben ligeramente y quedan muy suaves. Es mejor servirlos después de salir del horno.

****

PANQUÉ A LA ANTIGUA

(receta del cuaderno que me regalara Mario Castillón en 1987, perteneciente a su bisabuela, manuscrito, fechado en 1897. La descripción es mía, después de haberla probado por primera vez).

400gr mantequilla – 400gr azúcar – 400gr harina y pizca de nuez moscada – 12 huevos batidos aparte.

Batir la mantequilla suave durante 3 minutos en batidora. Añadir el azúcar y seguir batiendo otros 5 minutos. Incorporar la harina y la nuez moscada a baja velocidad. Aparte, en otra batidora, batir los 12 huevos a que esponjen mucho. Mezclarlos a la primera preparación y agregar 4 cucharadas de licor Amaretto y la ralladura de 2 limones. El licor se puede cambiar por aguardiente, agua de azahar o ron.

****

PANQUÉ CON MANZANAS Y FRUTAS SECAS 🔲 *(mi creación Ajusco 1987)*

300gr mantequilla – 1 taza azúcar – 6 huevos – 3 tazas harina – 3 cucharaditas de levadura en polvo Royal – 1 cucharadita de canela en polvo – ½ cucharadita de jengibre en polvo y ¼ cucharadita de nuez moscada – ½ taza de leche – 1 cucharadita de vainilla – 1 taza de ciruelas pasas picadas – 2 tazas de manzanas peladas y picadas y 1 taza de dátiles o chabacanos deshidratados picados (tanto los dátiles como los chabacanos deben estar muy suaves).

Batir la mantequilla con el azúcar durante dos minutos. Agregar los huevos, uno a uno, sin dejar de batir. Apagar la batidora e incorporar la harina tamizada con la canela, royal, jengibre en polvo y nuez moscada. Al ir incorporando los ingredientes secos añadir la leche y la vainilla. Por último, añadir las ciruelas, manzanas y dátiles o chabacanos. Mezclar perfectamente. Verter a un molde rectangular o corona y hornear a calor mediano (180°C) media hora o hasta que el palillo salga seco. Enfriar un poco, desmoldar y rociar con azúcar glass.

****

PANQUÉ FÁCIL *(muy bueno como base para pastel)*

300gr de harina – 200gr azúcar – 300gr mantequilla – 2 cucharadas de extracto de vainilla o ralladura de naranja – 2 cucharadas de levadura en polvo (Royal) – 10 huevos

Batir las yemas con el azúcar hasta blanquear. Agregar la mantequilla derretida previamente y tibia, junto con la ralladura de naranja o la vainilla.. En seguida, añadir la harina cernida dos veces con el Royal. Aparte, batir las claras a punto de turrón y agregar suavemente a la mezcla anterior. Verter la mezcla en molde embarrado con mantequilla y enharinado. Hornear a 180°C durante media hora o hasta que se vea dorada la superficie. Probar con un palillo, si sale seco el pan está listo.

A esta masa se le pueden agregar pasitas remojadas previamente cuando se quiera usar solamente como panqué para el té o la merienda.

****

PANQUÉ MARUSA 🔖 (junio 1987 – Ajusco)

200gr mantequilla – 240gr queso crema tipo Filadelfia – 1 taza yogurt natural – 4 huevos – 1 ½ taza azúcar – 2 tazas harina de trigo integral – 2 tazas nueces molidas – pizca de bicarbonato – 1 cucharadita de Royal – ½ taza de ciruelas pasas muy frescas picadas – ½ cucharadita de canela en polvo

Batir la mantequilla y el queso crema hasta esponjar. Agregar el yogurt y el azúcar. Incorporar los huevos uno a uno sin dejar de batir.

Ya sin batir, añadir la harina con el Royal y el bicarbonato, las nueces, envolviendo todo suavemente. Por último, agregar las ciruelas y la canela. Verter en molde engrasado con mantequilla y enharinado. Hornear a calor mediano (180°C) durante 25 minutos o hasta que el palillo de prueba salga seco. Servir en cuanto enfríe.

****

PAPAS CON PAPRIKA

Hervir 6 papas grandes sin piel y partidas en cuatro, en agua con sal a cubrir solamente. Cuando estén suaves escurrirlas y hacer puré en un tazón. Aparte en una sartén saltear 1 cebolla mediana picada en 2 cucharadas de aceite. Cocinar hasta que estén transparentes. Añadir 2 cucharadas de páprika dulce y cocinar dos minutos más. Mezclar la cebolla con las papas y añadir 1/3 taza de crema espesa, sal y pimienta al gusto. Pasar el puré a un molde refractario formando un pequeño montículo. El molde debe ser de tamaño justo. Rociar con un poco más de páprika dulce y pedacitos de mantequilla. Hornear a calor fuerte 20 minutos o hasta que se forme una costra. Adornar con perejil picado.

****

PASTAS PARA PIE, TARTAS O ROLLOS

(En este Segundo Volumen de recetas por orden alfabético encontrarás nuevamente estas recetas por ser muy solicitadas)

1.- MASA PARA PIE (MITA)

200gr mantequilla – 2 tazas de harina – 1 cucharadita de sal – 2 cucharadas de azúcar – ½ taza de leche o más si se necesita.

Tamizar los ingredientes secos sobre la mesa o en un tazón grande. Agregar la mantequilla en pedacitos y la leche. Mezclar con dos tenedores y luego con las manos para terminar. Esta masa sirve para cualquier pie dulce o salado que lleve tapa para cubrirlo.

2.- MASA PARA PIE DE "MADAME MULÁS"

Tamizar 2 tazas de harina con 4 cucharaditas de Royal, 1 cucharadita de sal (o 1 cucharada de azúcar si el pie va a ser dulce). Agregar 200gr de mantequilla y ½ taza de agua fría. Mezclar todo muy bien y dejar reposar una hora en el refrigerador.

El efecto de esta receta es que queda esponjada por el Royal. Se puede usar para envolver un trozo de filete embarrado con paté (tipo Wellington) o un lomo de pescado con champiñones salteados en mantequilla, ramitas de hinojo o tiras de pimiento morrón y un poco de crema. También se puede usar para un *pie* o tarta dulce o salada.

3.- PASTA "FLORA" PARA PIES

(Esta es una masa española que usan para tartas dulces o pies salados y la diferencia se marca en seguida)

4.- PARA TARTAS DULCES:

300gr harina – 150gr mantequilla – 150gr azúcar – 1 huevo – ralladura de 1 limón – pizca de sal - vino blanco el necesario

Mezclar todos los ingredientes con la ayuda de dos tenedores. Formar la masa con las manos al último, sin manejarla demasiado. Enfriar una hora antes de usar.

5.- PARA TARTAS SALADAS:

Omitir el azúcar y la ralladura de limón. Usar 1 cucharadita de sal. El resto de los ingredientes no cambia, igual a la receta anterior.

6.- PASTA PARA TARTA CON HIERBAS FINAS (Bretones)

2 tazas de harina – 1 ¼ cucharaditas de estragón deshidratado, molido – 1 cucharadita de perejil picado – ½ cucharadita de salvia fresca picada finamente o pizca de salvia deshidratada, molida – 1 cucharadita de sal – 200-250gr mantequilla fría en pedacitos – 1 yema – 2 cucharaditas de jugo de limón.

Mezclar los ingredientes secos en un tazón. Agregar la mantequilla. En una taza de medidas mezclar la yema, el jugo de limón y agregar agua a medir ½ taza. Mezclar todo con la ayuda de dos tenedores y luego terminar con las manos a formar una masa. Se pueden agregar unas gotas más de agua si se necesita. Rociar de harina la bola de masa y envolver en papel encerado. Enfriar una hora.

Esta masa sirve para paté en rollo o para cortar con un molde redondo para bocadillos. Los bocadillos se sirven poniéndoles un poco de pasta de atún, o queso crema y caviar, salmón ahumado, etc.

Otro uso para esta masa es el Molde de Pescado:

Colocar un lomo de huachinango crudo (o cualquier otro pescado blanco o salmón fresco), bien limpio y sin espinas dentro de un molde de forma de pescado u ovalado. Incorporar 1 taza de champiñones picados y salteados en mantequilla, 2 zanahorias hervidas y rebanadas, 6 cebollitas de cambray hervidas y partidas a la mitad. Agregar 1 taza de salsa blanca (béchamel) a la cual se le agregó una yema de huevo y ½ taza de vino blanco seco. Extender la pasta a base de hierbas finas y cubrir el molde. Barnizar con yema y leche. Hornear a calor mediano durante 30 minutos o hasta que esté ligeramente dorada la pasta.

7.- PASTA PARA TARTAS TIPO "GALETTE"

(Esta masa es excelente para pies o tartas de fondo grueso que no se ablanda ni se deshace al poner jugos o salsas)

Tamizar 2 tazas de harina con 2 cucharadas de azúcar y una cucharadita de sal. Hacer un hueco en el centro y agregar ½ taza de mantequilla (115gr) y 2 yemas. Agregar el agua necesaria para formar la masa. Enfriar 2 horas.

8.- PASTA DULCE PARA TARTAS

Colocar sobre la mesa de trabajo, 2 tazas de harina tamizada. Hacer un hoyo en el medio y colocar 4 cucharadas de azúcar, 4 yemas y ½ taza de mantequilla suave. Con los dedos, trabajar desde las orillas para integrar los ingredientes. Hacerlo rápidamente para no calentar demasiado la pasta. Formar una bola. Si está muy seca como para formar la masa, se pueden agregar unas gotas de agua. Cuando está bien incorporada la masa, envolver en papel encerado y refrigerar por lo menos una hora.

9.- PASTA PARA HACER FRITURAS SALADAS *(con legumbres o camarones)*

En un tazón batir 4 yemas y una lata de cerveza (caliente). Gradualmente agregar 2 tazas de harina, tamizada con 1 ½ cucharaditas de sal y ¼ cucharadita de pimienta. Incorporar ¼ taza de mantequilla derretida. Dejar en reposo a temperatura ambiente, durante hora y media.

Enharinar ligeramente rebanadas de berenjena, calabacitas, tomates verdes, camarones cocidos y limpios. Introducirlos en la pasta y freírlos en bastante aceite caliente hasta que doren por ambos lados. Escurrir las frituras sobre servilletas de papel y servir de inmediato.

Variación: agregar queso rallado y media taza de leche en vez de la cerveza.

Para hacer **tortas de calabacitas**: en un tazón tamizar 2 tazas de harina con 1 cucharadita de Royal. Hacer un hoyo en el centro y agregar 1 huevo entero, 2 cucharadas de aceite de oliva, ½ taza de leche, ½ cucharadita de sal y ¼ cucharadita de pimienta. Batir hasta lograr una pasta suave y ligera, conforme se va agregando la harina. Añadir ¾ taza de queso rallado y ½ taza o un poco más de leche. Debe quedar una masa espesa. Añadir 1 calabacita rallada, 1 cucharada de cebolla picada y 1 cucharada de perejil picado. Sacar cucharadas de esta mezcla y dejar caer en una sartén con aceite bien caliente, que sea suficiente para que floten las tortitas. Sacar y colocar sobre servilletas de papel. Servir de inmediato. Se pueden acompañar con ensalada de lechuga o jitomates rebanados, o como guarnición para un pescado en salsa blanca o salsa de jitomate.

Dentro de este tipo de frituras, tenemos los famosos *beignets de fromage* que son como tortitas de queso.

En una sartén hervir 1 taza de agua y ½ taza de mantequilla, moviendo, a fuego suave, hasta que la mantequilla se derrita. De un golpe, echar 1 taza de harina, 1 cucharadita de sal y cocinar la mezcla, batiendo vigorosamente hasta que se forme una bola. (Esto es muy parecido a la pasta para *Choux*). Batir suavemente hasta que la masa se desprenda de las paredes del recipiente. Agregar 4 yemas, una a la vez, y una pizca de cayena. Añadir 1 ½ tazas de queso parmesano rallado y 2 cucharadas de fécula de maíz (Maizena). Mezclar bien y enfriar varias horas. Dejar caer cucharaditas de esta pasta sobre bastante aceite bien caliente. Freír los *beignets* hasta que se inflen y doren. Escurrir sobre servilletas de papel y servir de inmediato como bocadillos (*hors-d'oeuvre*).

****

PASTA DE MEMBRILLO *(Ate)*

Para este popular dulce, llamado en México "ate" se necesita la misma cantidad de fruta que de azúcar. En Francia es muy apreciada la jalea de membrillo y también la pasta.

Los membrillos se cortan en cuarterones, con todo y semillas y corazón. Se ponen a hervir en una olla con agua a que los cubra. Cuando la pulpa está suave se pasa por tamiz o se licúa y luego se cuela.

Medir lo que salió de pulpa y poner lo mismo de azúcar. Cocinar en la misma olla en la que hirvió la fruta. En este punto se debe mover con cuchara de madera todo el tiempo. Sentarse cómodamente frente a la estufa y empezar a mover hasta que espese. Tratándose de los ates y dulces similares, el punto en el que se termina el cocimiento es algo que requiere de experiencia a través de la práctica. Se dice que cuando se ve el fondo del cazo (u olla) el dulce ya está listo, pero esto es un poco engañoso porque puede quedar demasiado suave al enfriarse. Por lo tanto, cuando creas que ya está porque estás viendo el fondo de la olla, sigue moviendo todavía un poco más. El momento adecuado es cuando en el fondo la preparación empieza a "empanizar". ¿Qué quiere decir? Empanizar viene de pan, es decir que se ve como si el dulce tuviera un aspecto harinoso, es casi blanco y se diría que está a punto de pegarse o de quemarse. Es en este momento en el que el ate ya estará listo. La cuchara formará unos surcos más anchos y verás cómo hierve al fondo dando el aspecto de "empanizar". Retirar del fuego. Verter en moldes pequeños cuadrados o en charolas rectangulares medianas, previamente embarradas con aceite. Dejar enfriar. Cuando la superficie esté dura ya se puede desmoldar el ate. Este puede ser un gran regalo para las fiestas de fin de año, o antes, en alguna festividad de otoño.

El ate de membrillo es muy sabroso acompañado con una rebanada de queso.

****

PASTEL ALEMÁN DE QUESO CON *STREUSEL*

450gr harina – 30gr levadura – ¼ litro de leche tibia – 50gr mantequilla – 50gr azúcar – 1 huevo - pizca de sal

Tamizar la harina dentro de un recipiente hondo. Hacer un hoyo y en el centro colocar la levadura fresca en pedacitos o el granulado mezclado con la leche tibia, la mantequilla derretida y el azúcar. Cuando haya hecho espuma la levadura agregar el huevo batido ligeramente con pizca de sal. Tomar la cantidad de harina necesaria para formar una masita en el centro de la harina. Dejar el resto de la harina sin tocar. Reposar 15 minutos. Al cabo de ese tiempo revolver toda la harina y batir con la mano para que incorpore bien. Dejar otros 30 minutos, tapado con un trapo.

Relleno de Quark (requesón alemán) o requesón hecho en casa o producto comercial: 200gr azúcar – 1 kilo de Quark – 3 huevos – 200gr mantequilla derretida y 40gr Maizena (fécula de maíz) – ralladura de 1 limón y pizca de sal. Batir hasta que esponje.

Encender el horno a calor mediano.

La masa de levadura se estira con el rodillo y se coloca en una charola de galletas rectangular. Encima de la masa se vierte la preparación de queso

Quark y por último el *Streusel:* 350g harina, ralladura de un limón y la punta de un cuchillo de canela, 200gr azúcar, pizca de sal y 200gr mantequilla derretida. Formar el streusel que queda como un granulado. Rociar este granulado sobre la mezcla de Quark. <u>Dejar reposar 15 minutos</u>.

Hornear durante 25 minutos (o hasta que dore un poco encima) en la parrilla del medio del horno.

****

PASTEL CON PASITAS

Encender del horno.

En un tazón mezclar ½ taza de pasitas negras, ½ taza de pasitas blancas y ½ taza de pasitas de Corinto (las más pequeñas). Agregar una cucharada de harina y revolcarlas bien.

En un tazón grande batir 180gr de mantequilla suave con media taza de azúcar hasta que esponje. Agregar 4 yemas, una por una, batiendo todo el tiempo. Añadir 1 cucharada de ron oscuro, ½ cucharadita de extracto de vainilla y la ralladura de 1 limón. Incorporar 1 ¾ tazas de harina tamizada junto con 1 cucharadita de levadura en polvo (Royal). Batir todo el tiempo. Incorporar las pasitas.

En otro tazón batir las claras con pizca de sal a punto de turrón. Envolver las claras a la mezcla del pan, suavemente, para que no se bajen. Pasar la masa a un molde rectangular, enmantequillado y enharinado. Hornear a calor fuerte por una hora. Cubrir con papel aluminio después de media hora si se empieza a dorar demasiado por encima. Probar con un palillo y sacar del horno. Dejar en reposo 5 minutos. Voltear sobre una rejilla. Enfriar completamente. Rociar con glass como decoración: 1 clara de huevo batida con una taza de azúcar glass y el jugo de medio limón. Envolver en papel aluminio. Esperar 24 horas para comerlo.

****

PASTEL DE ALMENDRA CON MERENGUE DE CHOCOLATE

240gr mantequilla – 1 ½ tazas harina – 3 huevos – 4 yemas – 1 taza de almendras tostadas y ralladas (o molidas en procesador) –

Batir la mantequilla hasta esponjar. Agregarle 3 huevos enteros y 4 yemas ligeramente batidas. Incorporar la taza de almendras ralladas. Tamizar la harina con pizca de sal. Agregar. Forrar un molde *spring-form* con papel estaño o encerado embarrado con mantequilla. Rociar el papel con pan molido. Verter la pasta. Hornear a calor mediano (180°C) durante 35 minutos o hasta que dore ligeramente de encima y esté cocido (puede tomar menos tiempo). Enfriar 10 minutos.

Para el merengue: las 4 claras que sobraron de la preparación anterior – ¼ taza azúcar – ½ taza de pasitas previamente remojadas en agua con ron y escurridas – ½ taza de nueces picadas – ½ taza almendras ligeramente tostadas y ralladas o molidas – ½ taza de chocolate semi amargo rallado y 1 cucharada de cocoa.

Colocar el merengue sobre el pastel, hornear 15 minutos más y dejar enfriar completamente. Con cuidado, voltear el pastel sobre una charola y retirar el papel encerado. Colocar otra charola sobre el pastel y suavemente invertirlo de nuevo para que el merengue quede encima. Cortar el pastel en cuadros.

****

PASTEL DE CHOCOLATE EN LICUADORA

Licuar ¾ taza azúcar – 5 huevos – 150gr nueces – 1 paquete de chocolate semi amargo Turín o la marca preferida, puede ser Lyndt, derretido previamente a baño María (150gr) – 100gr mantequilla

Verter la preparación en molde engrasado y enharinado. Hornear con una charola de agua abajo y tapar con papel aluminio para que no se queme. Se cuece muy rápido.

Nota: sugiero hacer dos tantos porque de esta receta sale poca cantidad.

****

PASTEL DE CIRUELAS PASAS

En el tazón de la batidora batir 100gr de mantequilla (1/2 taza) y 1 taza de azúcar durante cinco minutos. Agregar 3 huevos, uno a uno, sin dejar de batir.

Tamizar 2 ¼ tazas de harina con pizca de clavos de olor en polvo, 1 cucharadita de canela en polvo, media cucharadita de cardamomo y pizca de sal. Incorporar a la batidora, alternando con media taza de leche y ¼ taza de jugo de naranja. Por último, agregar 1 ½ tazas de ciruelas pasas remojadas o muy suaves, sin hueso, picadas. Mezclar bien.

Engrasar con mantequilla y enharinar un molde. Verter la pasta y alisarla por encima. Hornear a calor mediano durante media hora. Enfriar el pastel e invertirlo sobre un platón para que enfríe completamente. Decorar con crema batida endulzada.

****

PASTEL DE CHOCOLATE

En un tazón batir 4 huevos, con ¾ taza de azúcar, durante 5 minutos o hasta que la mezcla esté muy espesa y de color ligero. Incorporar 1 taza de harina tamizada, 4 cuadros de chocolate rallado (120 gramos) y 2/3 taza de crema muy fresca.

Pasar la mezcla a un molde para pan enmantequillado y enharinado,(puede ser un molde springform) y hornear en horno precalentado, a calor moderado, durante 40 minutos (o hasta que salga un palillo seco). Enfriar completamente en el molde y desmoldarlo en un platón de servicio. Decorarlo con betún de chocolate.

Betún de Chocolate: Derretir a baño maría 120 gramos de chocolate semi amargo junto con 2 ½ cucharadas de mantequilla y 2 cucharadas de café cargado. Retirar la olla del calor y agregar, batiendo, ½ cucharadita de aceite vegetal. De inmediato, rociar este betún caliente sobre el pastel.

****

PASTEL DE CHOCOLATE *(otro)*

Colocar 150gr de chocolate semi amargo, cortado en pedacitos, en baño maría junto con 3 cucharadas de leche. Añadir 100gr de mantequilla en pedacitos. Mezclar. Retirar del agua caliente. Enfriar unos minutos. Incorporar 3 yemas de huevo, media taza de azúcar y media taza de harina.

En un tazón batir las 3 claras de huevo con pizca de sal. Formar picos duros. Agregar un cuarto de la mezcla de chocolate e incorporar suavemente. Agregar el resto del chocolate sobre las claras y mezclar completamente, pero sin que se bajen las claras. Pasar la pasta a un molde enmantequillado y enharinado (de preferencia cuadrado) y hornear 30 minutos a calor moderado. Cuando salga el palillo de prueba limpio se puede sacar el pastel. Reposar 10 minutos y luego pasar a una rejilla para que termine de enfriarse. Rociar con azúcar glass y cortar en cuadros.

****

PASTEL DE JAMÓN Y RAJAS

250gr de mantequilla - 4 huevos separados - ¾ taza de harina de arroz - ¾ taza harina de trigo - 2 cucharaditas de levadura en polvo (Royal) - 250gr de jamón picado - 250gr de queso rallado (amarillo, Gruyere, Monterrey Jack o Chihuahua) - 1 taza de rajas de chiles poblanos - sal al gusto

Se bate la mantequilla y la sal hasta blanquear. Se agregan las yemas, harinas cernidas con la levadura y las claras batidas a punto de turrón.

En un molde refractario se coloca la mitad de la pasta. Se cubre con el queso rallado, las rajas y el jamón picado. Encima se coloca la otra mitad de la pasta.

Meter a horno mediano hasta que cuaje.

****

PASTEL DE JENGIBRE SUECO

-3 huevos – 1 taza de azúcar – 200gr mantequilla derretida – ¼ taza de melaza – 2 cucharadas de puré de manzana – 2 ½ tazas harina tamizada con 2 cucharadas de levadura en polvo (Royal) – 1 ½ cucharaditas de cardamomo en polvo – 1 ½ cucharaditas de canela en polvo – 1 ½ cucharaditas de jengibre en polvo – pizca de clavos molidos – 1 taza de crema para batir

Batir los huevos con el azúcar hasta que la mezcla espese y casi doble su volumen. Agregar la mantequilla derretida y fría, luego la melaza y el puré de manzana, sin dejar de batir.

Aparte, tamizar la harina, la levadura Royal, y las especias. Mezclar estos ingredientes a los huevos, poco a poco.

En otro tazón batir la crema para hacerla subir como Chantilly. Añadirla a la masa anterior.

Embarrar un molde con mantequilla y rociarlo con pan molido. Verter la mezcla y hornear a horno precalentado (180°C - 350°F) durante 45 minutos o hasta que el palillo salga seco. Invertir el pastel sobre una rejilla. Pasar al platón de servicio. Servir tibio con puré de manzana, natillas, helado o crema Chantilly.

****

PASTEL DE PERÓN

(La presentación de este pastel es muy modesta, pero el sabor es exquisito. La receta me la dio una dama francesa cuando estaba recién casada y mi suegra presumía con mis experimentos para preparar un buen paté que ella servía a la hora del bridge. Esta señora fue muy amable conmigo y llegamos a intercambiar varias recetas.)

3 tazas de harina – 250gr mantequilla – 1/3 taza azúcar – ralladura de un limón grande – 5/6 cucharadas de crema dulce

Mezclar todos los ingredientes a formar una pasta suave. Reposar media hora en el refrigerador. Después, dividir en dos y extender una mitad dentro de un molde de *spring form*. Hornear a calor mediano 180°C a que dore por encima.

Ya que está dorada esta mitad, sacar el molde y colocar encima rebanadas de perón (1 kilo de perón pelado y rebanado). Rociar con azúcar y añadir pasitas blancas. Extender en la mesa de trabajo la otra mitad de la pasta y colocarla encima de la fruta. Meter al horno. Cuando dora la parte de encima, se saca y se sirve adornado con azúcar glass. Acompañar con crema Chantilly o helado.

****

PASTEL DE QUESO BLANCO Y NEGRO

(Con un *coulis* de fresas: *coulis* es el nombre que le dan en Francia a ciertas salsas para postres y se pronuncia "culí")

Pasta base de chocolate:

1 ¼ tazas de galletas de chocolate (wafers – 24) – 5 cucharadas de mantequilla sin sal derretida

Relleno: 1 naranja sin semilla - 1 taza de azúcar – 3 cucharadas de Maizena (fécula de maíz) – 1 kilo de queso crema, suave – 1 taza de crema espesa, a temperatura ambiente - ½ taza de Grand Marnier o cualquier licor de naranja – 2 cucharaditas de extracto de vainilla – 4 huevos grandes, a temperatura ambiente

Coulis de fresa: - 6 tazas de fresas congeladas sin azúcar – 1 taza de azúcar – 2 cucharadas de Grand Marnier

Glaseado de chocolate:

240gr de chocolate semi amargo, finamente picado - ¾ taza más 2 cucharadas de crema espesa – 3 cucharadas de jarabe ligero de maíz – 1 cucharada de Grand Marnier - ¾ cucharadita de extracto de vainilla

Costra de chocolate:

Embadurnar con mantequilla la base del molde *springform* (se puede forrar con un cartón que se cubre con papel aluminio). En un tazón mediano mezclar el polvo de galletas y la mantequilla derretida. Pasar al molde y presionar para forrar muy bien la base. Congelar 10 minutos.

Hornear esta base congelada 15 a 20 minutos. Enfriar.

Relleno:

Con el pelador de cítricos cortar ralladura de la cáscara de naranja.

En el procesador mezclar el azúcar, Maizena y ralladura. Pasar a un tazón pequeño.

En el procesador batir el queso crema medio minuto. Bajar con una espátula y agregar la mezcla de azúcar, la crema espesa, Grand Marnier y vainilla. Procesar 15 segundos. Bajar todo del tazón con una espátula.

Romper los huevos dentro de un tazón y batir con un tenedor. Con el motor del procesador o licuadora encendido, agregar los huevos. Incorporar bien. Con una espátula de hule bajar toda la mezcla y verterla sobre la costra del pie.

Colocar el pastel de queso dentro de una charola con agua, que llegue sólo a la mitad. Hornear el pastel 70 a 80 minutos hasta que las orillas se esponjen y el centro "tiemble" un poco. Dejar el pastel en el horno, con la puerta abierta y enfriar media hora. Retirar el pastel, desmoldar. Refrigerar sin tapar por lo menos 8 horas o toda la noche.

Coulis de fresas:

En una sartén gruesa, no corrosiva, mezclar las fresas congeladas y el azúcar. Cocinar a fuego mediano, sin dejar de mover hasta que el azúcar se disuelva. Seguir cocinando 15 minutos más hasta que las fresas estén suaves. No hervir.

Pasar las fresas por una coladera. Agregar el Grand Marnier. Cubrir el coulis con un papel plástico y refrigerar. La salsa debe quedar ligera y espesará un poco en el refrigerador.

El glaseado de chocolate:

Calentar la crema y el jarabe de maíz. Agregar los pedazos de chocolate. Dejar en reposo un minuto para que el chocolate se derrita. Mover suavemente hasta que todo se incorpore. Agregar Grand Marnier y vainilla.

Cubrir el pastel con el glaseado tibio, a cubrir completamente. Hacerlo varias veces. Meter al refrigerador hasta el momento de servir.

Para servir... dejar caer un hilo de coulis de fresa en toda la orilla del plato y colocar una rebanada de pastel en el centro.

****

PASTEL DE SALMÓN Y ATÚN 🔲 (Ajusco, junio 1992)

2 cucharadas de cebolla rallada – 2 cucharadas de aceite de oliva – 2 cucharadas de mantequilla – 2 tazas de champiñones frescos picados – 2 papas cocidas y picadas

Saltear todo estos ingredientes a quedar bien sazonada la preparación. Agregar 1 cucharada de eneldo picado, sal y pimienta al gusto, ¼ taza de Sake, ¼ taza Madeira, ½ taza de vino blanco, 2 cucharadas de crema espesa y la carne de l lata de salmón y 1 lata de atún, sin líquido. Guisar suavemente 10 minutos. Enfriar.

Extender ½ kilo de pasta hojaldrada o pasta de la casa (cualquiera de las preferidas de este libro). Se puede hacer rollo o pie cubierto. Servir con salsa holandesa o béchamel con yemas (salsa suprema). Sugerencia: se puede usar una rebanada gruesa de salmón y una de atún. Saltear con un poco de mantequilla, desmenuzar y agregar al guiso.

****

PASTEL EUROPEO CON ALMENDRAS (Receta alemana)

7 huevos separados – 280gr de azúcar, dividida en dos – 280gr almendras peladas y molidas – 30gr harina – 2 cucharadas de pan molido – jugo de 2 mandarinas – 1 cucharada de ralladura de mandarina

Batir las yemas con la mitad del azúcar y batir las claras con la otra mitad del azúcar. Incorporar la harina y el pan molido a las yemas, suavemente. Agregar las almendras y el juego de la mandarina. Añadir la ralladura de mandarina. En seguida incorporar las claras, envolviendo, para que no se baje el aire de las claras. Preparar un molde con un poco de mantequilla y pan molido. Verter la mezcla y hornear lentamente a fuego menos que mediano aproximadamente 40 minutos. (170°C)

Decorado: Mezclar a 2 tazas de azúcar glass un poco de esencia de mandarina o licor de mandarina. También se puede hacer una mezcla con media taza de jugo de mandarina y ¼ taza de Grand Marnier. Bañar el pastel.

****

PASTEL "MARJOLAINE"

(Este pastel francés se pronuncia "marllolén" y es muy fácil de preparar. El atractivo es que se utilizan sobrantes de claras y no lleva harina ni mantequilla):

2 tazas de claras de huevo – 300gr avellanas molidas – 200gr almendras molidas – 200gr azúcar

Batir las claras a punto de turrón. Aparte, mezclar las avellanas, almendras y azúcar. Unir todo suavemente y volcar la pasta en charolas para horno forradas con papel encerado embarrado con mantequilla. Hornear a calor suave durante 20 minutos o hasta que cueza la pasta.

Marcar a lo largo dos cortes y luego desmoldar sobre un trapo de cocina. Quitar el papel de inmediato para que no se pegue. Formar el pastel con una capa de crema batida sobre la base de pastel, cubrir y sobre la otra aplicar salsa de chocolate. Poner la tapa del pastel. Cubrir con crema batida (Chantilly) y adornar los lados con avellanas molidas y por encima rociar cocoa haciendo figuras.

Salsa de chocolate: 500gr de chocolate semi amargo derretido en baño maría. Agregar 125gr de mantequilla y por último ¼ litro de crema espesa ligeramente batida.

****

PASTELITOS DE CHOCOLATE CON SALSA DE FRESA

Batir a punto de turrón 6 claras. Agregarles suavemente 6 yemas y 225gr de chocolate amargo fundido con ¾ barrita de mantequilla. Incorporar todo suavemente. Preparar flaneras o moldes de gelatina embarrados de mantequilla. Llenar ¾ de los moldes y meter 15 minutos a horno más que mediano de calor.

Aparte preparar 1 ½ tazas de fresas limpias con 4 cucharadas de azúcar en una sartén durante unos minutos. Licuar con un poco de agua, 2 cucharadas de azúcar y gotas de limón. Colar. Para servir, desmoldar el pastelito. Colocar un poco de la salsa como espejo en un plato, el pastelito a un lado y un copo de crema fresca batida en una orilla. Rociar con azúcar glass el pastelito.

****

PASTITAS DE COCO

Preparar un almíbar con 1 taza de agua y 150gr de azúcar. Esperar a que tenga punto de 'hebra floja'. Este se obtiene dejando hervir unos 3 minutos.

Mezclar 50gr de harina con 150gr de coco rallado. Verter encima del almíbar. Trabajar con espátula de madera y cuando haya enfriado, añadir 1 huevo, 1 yema y la ralladura de un limón. Embarrar una charola para galletas con mantequilla. Con la ayuda de una cuchara formar montoncitos con esta preparación. Hornear a calor mediano durante 15 minutos.

****

PATÉ AL COGNAC "MARUSA" 🔲 *(receta creada en 1985)*

100 higaditos de pollo muy frescos – 250gr champiñones – 150gr mantequilla – 150gr tocino rebanado y picado – 2 cebollas medianas picadas – ¼ taza

cognac – ¼ taza jerez muy bueno – sal y pimienta al gusto – 1 cucharadita de hierbas finas (tomillo, mejorana, estragón, salvia) –

En una sartén derretir la mantequilla y agregar el tocino picado. Cuando haya soltado su grasa el tocino, retirarlo y conservarlo aparte. En esa misma grasa saltear las cebollas y los champiñones picados. Cocinar unos minutos y añadir los higaditos de pollo cortados a la mitad. Cocinar a fuego suave 20 minutos, moviendo de vez en cuando.

Verter a la sartén el cognac, el jerez, sal y pimienta recién molida al gusto y las hierbas finas. Pasar todo a la licuadora o procesadora y moler hasta obtener un puré. Pasar por coladera para que quede sin grumos. Verter la preparación a un molde cerámica embarrado de mantequilla y enfriar 24 horas.

Al cabo de una hora en el refrigerador verter encima del paté una gelée como sigue: entibiar el contenido de l lata de caldo de res, 3 cucharadas de mermelada de frambuesa o jalea de zarzamora, 3 cucharadas de Oporto y 2 cucharadas de grenetina sin sabor diluida en 5 cucharadas de agua fría y luego derretida a baño maría. Mezclar perfectamente, pasar por tamiz y verter suavemente sobre el paté. Servir con triángulos de pan tostado, pumpernickel, pan negro o galletas.

****

PATÉ/MOUSSE DE PESCADO

En una sartén cocinar medio kilo de filetes de pescado (robalo o lobina o bagre) con 2 cucharadas de mantequilla, 2 cucharadas de cebolla de rabo picada, ½ taza de vino blanco y ½ taza de caldo de pescado. Cubrir y dejar 5 minutos.

Pasar los filetes a la licuadora. Reducir el líquido de la sartén a quedar media taza. Agregar este líquido a la licuadora y añadir media taza de crema espesa, 1 cucharada de curry, ½ cucharadita de pasta de anchoas, jugo de l limón (o al gusto), sal y pimienta. Licuar a formar un puré. Pasar la mezcla a un tazón. Agregar perejil o hinojo fresco picado finamente. En vez del curry se puede utilizar un chile serrano sin venas ni semillas, picado finamente. Servir con galletas o triángulos de pan tostado.

****

PATÉ VALENCIA ⓛ *(creada en 1969)*

Medio kilo de carne de cerdo – ¼ kilo carne de ternera – 125gr de lardo o tocino sin ahumar. Moler estos tres ingredientes juntos.

Agregar 1/3 taza de aceitunas negras picadas, ¼ taza de piñones tostados ligeramente, ½ taza jamón serrano o prosciutto di Parma picado, ¼ taza migas de pan viejo mojadas en 2 cucharadas de Jerez seco, 1 ½ cucharadita de albahaca picada, ½ cucharadita de tomillo picado y pimienta negra molida al momento. En un mortero martajar 2 dientes de ajo junto con media cucharadita de sal. Añadir un huevo y mezclar al resto de los ingredientes.

Forrar un molde rectangular con tiras de lardo o tocino y volcar la pasta de carnes. Cubrir con más tiras de lardo y hornear a calor mediano (180°C) durante una hora. Al salir, colocar un plato y un objeto pesado encima y refrigerar. Al cabo de doce horas o al día siguiente, desmoldar y retirar la grasa. Servir el paté a temperatura ambiente. Este paté va muy bien si se prepara un aspic para cubrirlo, como sigue: desmoldar, retirar la grasa, colocar en otro molde rectangular que sea un poco más grande que el que se usó para hornearlo o quizá el mismo ya que la carne encoje al cocinarse, y verter el aspic preparado (ver receta en este libro). Refrigerar. Al cabo de unas horas o al día siguiente, desmoldar, colocar en un plato de cerámica o cristal, decorar con hojas de berro o pepinillos y acompañar con pan negro o triángulos de pan de caja tostado.

****

PECHUGAS AL GUAJILLO ⬚ *(receta original 1988)*

6 pechugas de pollo partidas a la mitad – mantequilla – aceite – 15 chiles guajillos – 100gr coco rallado fresco – 1 tortilla frita – 1 taza caldo de pollo – pizca de anís, de curry, de canela y cúrcuma en polvo – hojas de lechuga rebanada finamente – figuras de pasta hojaldrada

Dorar las pechugas suavemente en un poco de mantequilla y aceite. Conservarlas calientes, tapadas.

Asar los chiles guajillos, desvenarlos, remojarlos y licuarlos con el coco rallado, la tortilla cortada en tiras y frita en aceite, el caldo de pollo y las especias. Si queda demasiado grumosa la preparación se puede colar una vez que esté guisado y vuelto a licuar con un poco más de caldo o, incluso, un poco de crema. Guisar la mezcla en un poco de aceite para sazonar perfectamente. Bañar las pechugas, previamente deshuesadas. Si quedaron jugos en la sartén en la que se frieron las pechugas esta salsa se agrega a la salsa de guajillo. Se puede calentar sobre el fuego o al horno unos minutos y se acompaña con papas doradas en mantequilla. Adornar con lechuga o con figuras de pasta hojaldrada (estrellas o cuernitos).

****

PECHUGAS A LA KIEV

3 pechugas de pollo, deshuesadas y partidas a la mitad – mantequilla – ajo – hierbas de olor: romero, tomillo, salvia, perejil, mejorana, estragón, cebollín y orégano – sal y pimienta – harina – huevo – pan molido – aceite o mantequilla para freír.

Colocar cada mitad de pechuga entre dos papeles encerados, aplastar a dejar como si fuera milanesa, muy delgada. Luego, cada milanesa de pechuga se embarra con ajo molido, sal y pimienta; se rocía con las hierbas finas desmenuzadas y se pone un trozo de mantequilla dura en el centro. Se enrolla cada pieza, metiendo bien las orillas. Se enharinan ligeramente, se pasan por huevo batido y se empanizan. Se meten al refrigerador unas horas.

Pasado este tiempo, se doran en aceite no demasiado caliente. Se escurren en servilletas de papel y se sirven bien calientes. Acompañar con legumbres o una ensalada.

****

"PELMENI" – Triángulos de pasta rellenos de carne

(Receta Siberiana)

En un tazón mezclar medio kilo de carne de res molida, 1 cebolla mediana picada y un diente de ajo picado, sal y pimienta al gusto.

En otro tazón mezclar 2 tazas de harina, 1 huevo, 1 cucharadita de sal y 2/3 taza de agua. Formar una pasta y pasarla a la mesa enharinada. Trabajar hasta que se sienta elástica. Estirar 1/3 de la masa y cortar cuadros como de 8cm – colocar al centro de cada cuadro una cucharadita de la mezcla de carne, sellar los lados y dejar caer estos triángulos en agua con sal que esté hirviendo. Dejar caer unos cuantos solamente para que no se peguen, y levantarlos con una cuchara perforada para evitar que se peguen en el fondo. Hervir los triángulos durante 10 minutos, sacarlos, pasar un papel absorbente para retirar el exceso de agua y colocarlos en un platón de servicio caliente. Cubrirlos con ¼ taza de mantequilla derretida y acompañarlos con una salsa de mostaza estilo Dijon mezclada con un poco de vinagre de vino blanco. Salen 60 *pelmeni*.

****

PEPINOS ENCURTIDOS ESTILO VERMONT

Esta es una receta antigua de la región de Vermont en Estados Unidos. La hice hace muchos años y ha tenido gran éxito. Estos pepinos los puedes utilizar en hamburguesas, sándwiches de jamón, hot dogs, ensalada de papa y otro tipo de ensaladas al gusto, en fin, tiene muchos usos. Su gusto es agridulce.

12 pepinos medianos, lavados y rebanados sin pelar – ½ kilo cebollas en rebanadas delgadas – ½ taza de sal

Los pepinos no se pelan y las rebanadas no deben ser muy delgadas. Combinar estos ingredientes y dejar 3 horas en maceración. Pasado este tiempo, colar, enjuagar con agua fría y escurrir.

En una olla esmaltada (nunca de aluminio u otro metal) verter 3 tazas de vinagre blanco, 3 tazas de azúcar, ½ cucharadita de cúrcuma en polvo, ¼ taza de semillas de mostaza enteras, 2 cucharadas de semillas de apio y ¼ cucharadita de pimienta cayena (o polvo de chile rojo).

Hervir estos ingredientes y en cuanto haga ebullición agregar los pepinos y las cebollas. Cocinar a fuego suave durante 4 minutos solamente. No deben hervir los pepinos porque quedarían suaves y lo que se busca es que queden crujientes. Envasar en frascos limpios y esterilizar en olla exprés.

****

PESCADO EN ASPIC DE MAYONESA

Hervir un pescado entero de 2 ½ kilos (puede ser salmón, robalo, bagre, merluza) en partes iguales de agua y vino blanco. Cuando la carne esté firme retirar del fuego y dejar enfriar 5 minutos. Mientras está tibio retirar la piel y limpiar lo necesario para que tenga buen aspecto. Colocar el pescado en el platón de servicio y enfriar por lo menos dos horas.

En una sartén verter media taza de vino blanco y media taza de consomé de pescado colado. Suavizar 1 ½ cucharadas de grenetina en polvo en ese líquido frío, colocar a baño maría hasta que se disuelva perfectamente la grenetina. Cuando esté tibia, agregar 2 tazas de mayonesa (de preferencia hecha en casa) batiendo con un batidor de alambre hasta que quede muy suave. Esparcir sobre el pescado con ayuda de una espátula y dejar reposar. Volver a pasar una capa de aspic para que cubra perfectamente el pescado. El plato puede decorarse con tiras de pimiento rojo y verde y algunas hierbas frescas o con clara de huevo duro finamente picada. También puede llevar hojas de cresón (berro).

****

PESCADO FRÍO AL LIMÓN

En una olla poner 2 litros de agua, varias cabezas y espinas de pescado (huachinango, robalo, lobina, etc). Agregar 1 cebolla a la que se le clavaron 3 clavos de olor, 2 dientes de ajo, 1 zanahoria, algunas ramitas de perejil, un poco de sal, unos granos de pimienta entera y la cáscara de medio limón. Hervir durante 20 minutos. Colar el caldo y pasarlo a una sartén grande. En ese caldo cocinar varios filetes de pescado ligeramente gruesos (6). Hacerlos *poché* con mucho cuidado. Retirarlos y colocarlos sobre un plato caliente, y mantenerlos calientes mientras se prepara la salsa.

Volver a colar el caldo a obtener taza y media. Calentar. Agregar 2 cucharadas de ralladura de limón, el jugo de medio limón, ¼ taza de jerez bueno y si es necesario, un poco más de sal. Añadir a esto 1 taza de crema espesa a la cual se mezclaron 2 yemas de huevo. Cocinar la salsa a fuego muy lento, sin dejar de mover, durante 2 minutos o hasta que espese. Verter la salsa sobre los filetes de pescado que están en el platón de servicio o en un refractario, y meter al refrigerador. Para servir, adornar con almendras doradas en rajitas.

****

PIE DE CALABAZA DE CASTILLA 🔲 *(o calabaza de otoño)*

Esta es mi receta original.

Forrar un molde para tarta con cualquier pasta, (en este libro hay una selección de masas), y luego volcar la siguiente mezcla:

Cortar en trozos una calabaza de otoño y hervir en agua durante 20 minutos. Retirar las semillas y las barbas y colocar la pulpa en otro tazón. Medir taza y media de pulpa. En otro tazón mezclar la crema, la leche, el azúcar mascabado, los huevos, las especias y el Calvados. Incorporar bien. Agregar a la calabaza. Mezclar. Verter sobre el molde forrado con masa para pie.

1 ½ tazas de pulpa de calabaza de Castilla – ½ taza de crema espesa – ½ taza de leche – ¾ taza de azúcar mascabado – 1 cucharadita de canela en polvo – pizca de clavos de olor – ½ cucharadita de jengibre en polvo – 3 huevos – 2 cucharadas de Calvados (aguardiente de manzana).

Hornear a calor mediano (180°C) hasta que cuaje la mezcla y la orilla de la tarta tenga un bonito color dorado.

Nota: Si está de buena consistencia la pulpa de calabaza, solamente usar crema batida con las yemas. Si está muy sólida, agregar la leche y los huevos enteros. Se puede añadir una pizca de Pumpkin Pie Spices, es decir, la mezcla de especias que usan en E.U. para este tipo de postre, o mi fórmula Caribeña.

****

PIE DE CARNE *(Jamie Oliver)*

Dorar cebollas en aceite. Agregar romero deshojado de la rama. Añadir un poco de mantequilla y hongos rebanados, apio picado, sal y pimienta, un poco de pimentón, los trozos de carne (espaldilla o sirloin de muy buena calidad – puede ser cerdo en vez de res), unas zanahorias en trozos, 1 lata de cerveza Guinness o cualquiera otra oscura, 1 cucharada de harina y un poco de agua. Verter esto en un molde o charola chica para horno. Cubrir con papel aluminio. Meter a horno 180°C durante dos horas. Debe quedar muy tierna la carne y prácticamente sin jugo.

Estirar pasta hojaldrada (siempre amasar de norte a sur). Colocar la pasta en el molde y dejar que cuelgue lo que sobre. Agregar la carne y 100gr de queso Cheddar rallado. Poner tapa. Rallar la tapa ligeramente en líneas cruzadas y cubrir con lo que sobresalió de los lados. Barnizar con huevo y hornear 40 min. A 180°C.

****

PIE DE MANZANA CON CREMA

Tamizar 2 tazas de harina con 2 cucharadas de azúcar, ½ cucharadita de sal y la punta de un cuchillo de levadura en polvo (Royal). Añadir ½ taza de mantequilla. Con la ayuda de 2 tenedores o una raspa mezclar hasta que la textura sea como migas de pan. Colocar esta mezcla en un molde para pie, presionando firmemente el fondo y los lados.

Pelar kilo y medio de manzanas, retirar el corazón con el aparato especial para ello y cortarlas en rebanadas muy delgadas. Colocar las rebanadas sobre la pasta y rociarlas con ¾ taza de azúcar mezclada con 1 cucharadita de canela. Hornear a calor fuerte durante 15 minutos, bajar el calor a moderado y hornear 10 minutos más. Batir 1 huevo con 1 taza de crema espesa y cubrir las manzanas. Hornear de nuevo el pie durante 15 minutos. Retirar del horno. Rociar con un poco de azúcar mientras está caliente y servirlo tibio. Para hacer enrejado por encima, preparar doble tanto de masa.

****

PIE DE QUESO SIN HORNEAR

Preparar la base del pie con galletas marías molidas en licuadora (1 tubo) y 1/3 taza de mantequilla derretida. Mezclar a formar grumos y luego pasar al molde (de preferencia uno de *spring form* que se separa. Con la mano aplanar bien la mezcla en el fondo del molde.

En la batidora mezclar 350gr de queso crema – 1 ½ tazas de leche condensada – jugo de 3 limones – ralladura de 1 limón.

Aparte batir 100gr de queso doble crema con ¼ taza de leche y ¼ taza de crema. Unir las dos mezclas. Volcar todo al interior del molde ya preparado. Meter al refrigerador unas horas. Decorar con fruta fresca: 2 duraznos rebanados – 10 fresas – 20 uvas sin semilla – 20 frambuesas y unas ramitas de hierbabuena.

****

PIZZA *(Receta de mi amiga Sabine)*

Salen tres pizzas grandes

1 kilo de harina – 60gr de levadura fresca

Colocar 2/3 partes de harina en un recipiente grande y bastante hondo. Disolver la levadura en un poco de leche y agua tibias, añadir un poco de azúcar para que la levadura trabaje mejor. Cuando la levadura haya espumado, hacer un hoyo en la harina y verter la levadura. Rociar un poco de harina sobre la levadura para que forme un "techo". No se debe revolver. Esperar a que empiece a trabajar la levadura.

La harina va a empezar a hundirse dentro de la levadura y entonces se le va agregando harina que se toma de los lados. Se agregan 60gr de mantequilla derretida y un poco de papa cocida y prensada o pasada por una coladera (1 papa grande). Todos los ingredientes deben estar tibios y no debe haber corrientes de aire para que no se baje la masa. Revolver todo y dejar reposar. Una vez que ha duplicado su tamaño se agrega el resto de la harina y se golpea con los puños. Se deja reposar otra hora. Se extiende sobre la mesa enharinada y se coloca en el molde para pizzas, engrasado con aceite previamente.

Encima se vierte la salsa de jitomate (como la que se usa para el spaghetti), trocitos de queso Provolone o Mozzarella, un poco de albahaca u orégano desmenuzados y queso Parmesano rallado al último. Se mete a horno caliente.

****

PLATILLO COMBINADO MEXICANO

20 tortillas – ¼ litro de crema – 4 chiles anchos asados, desvenados y remojados – 200gr de carne de puerco cocida y deshebrada – 3 papas grandes cocidas y picadas – 1 diente de ajo – 1 pedazo de cebolla (la cuarta parte) – 150gr de manteca de cerdo – 1 lechuga – ½ taza de jugo de naranja – 1 taza de agua

Moler los chiles en la licuadora junto con el ajo, cebolla, crema, jugo de naranja y la taza de agua. Colar a un recipiente hondo en el cual se puedan remojar fácilmente las tortillas.

Remojar las tortillas en la salsa anterior e inmediatamente después freírlas en la manteca de cerdo que debe estar caliente. Cada tortilla se rellena con la carne de cerdo deshebrada mezclada con las papas picadas. Doblarlas en forma de taco y acomodarlas en un platón. La salsa sobrante se fríe en un poco en manteca y se vierte sobre los tacos. Por último, se adorna el platón con la lechuga picada previamente lavada y escurrida. Este platillo debe hacerse al momento.

****

POLLO AL CILANTRO 🔲 (receta original 1994)

En una sartén grande dorar 6 piezas de pollo (muslos o mitades de pechuga) en 50gr de mantequilla y 2 cucharadas de aceite. Cuando tenga un bonito color dorado, retirar.

En la misma sartén agregar ¼ taza de cebolla picada y 4 cucharadas de cilantro fresco picado. Saltear. Agregar 4 jitomates grandes hervidos previamente con 1 diente de ajo, licuados y colados. Freír hasta que sazone bien la salsa y el aceite suba a la superficie. Por último, verter una taza de cerveza clara (de preferencia sin gas) y las piezas de pollo. Cocinar 20 minutos más. Añadir más cerveza si hace falta.

Nota: esta salsa se puede utilizar por separado para acompañar pescado, sobre huevos, espárragos o papas.

****

POLLO AL JENGIBRE 🔲 (receta original abril 1993)

¾ taza cebollas encurtidas – agua – 1 cucharadita de consomé en polvo) – ½ taza de perejil picado – 5 hojas de salvia frescas, picadas) – 4 piernas con muslo o 2 pechugas de pollo partidas a la mitad – 1 cucharada de jengibre fresco rallado – 1 cucharada de miel de abeja – 1 cucharada de salsa soya – jugo de l limón – media taza de vino blanco.

Licuar las cebollas encurtidas (o rebanadas, fritas y sazonadas con hierbas de olor) con una taza de agua o consomé, perejil y salvia. Aparte, dorar las piezas de pollo en mitad mantequilla y aceite. Añadir el jengibre y la preparación que está licuada y pasada por tamiz, la miel y la salsa soya junto con el jugo de limón. Tapar la olla y cocinar a fuego suave media hora o hasta que la carne esté tierna. Agregar más consomé si lo necesita. Servir con arroz o puré de espinaca.

****

POLLOS AL ESTILO DE MI ABUELITA

2 pollos enteros – 250gr de ciruelas pasas sin hueso – 100gr de piñones (blancos de preferencia) – 250gr de salchichitas (chipolatas) – vino blanco seco

En una cazuela grande se doran los pollos en aceite con un poco de mantequilla clarificada. Una vez que hayan tomado un bonito color dorado por todos lados se sacan y se rellenan con las salchichas, las ciruelas y los piñones –que se doraron en un poco de aceite, aparte- (los pollos se pueden rellenar antes de freírse y se cosen para que no se salga el relleno). Rociar con sal, pimienta, hojas de romero bien picadas, tomillo desmenuzado y unas hojas de salvia picadas finamente.

Se agrega vino blanco bueno a la cazuela (o recipiente de hierro esmaltado grande). Se cuecen los pollos a fuego muy suave, tapados. Durante el cocimiento se agregará un poco de agua conforme se necesite. Otra manera de guisarlos es rellenarlos, colocarlos en una charola rectangular de buen tamaño, salpicarlos de sal, pimienta y las hierbas de olor, agregar trocitos de mantequilla, rociar con aceite de oliva, verter el vino blanco y cubrir con papel aluminio. Revisar cada quince minutos para bañarlos con su mismo jugo. Hornear hora y media a 180°C. Servir con el relleno y puré de papa, de camote o de espinacas a la crema.

****

"POLPETTE" DE ESPINACAS (albóndigas estilo italiano)

En una sartén pequeña saltear 2 cucharadas de piñones en 2 cucharaditas de mantequilla clarificada, solamente a quedar ligeramente dorados. En un tazón mezclar 1 taza de espinacas cocidas, exprimidas y picadas, agregar los piñones, 2 cucharadas de pasitas, 1 huevo, ¼ cucharadita de nuez moscada, sal y pimienta al gusto. Incorporar todo perfectamente y formar albóndigas pequeñas. Pasarlas por harina. Saltearlas en mantequilla clarificada a dorar. Retirar y colocar sobre toallas de papel absorbente. Servir para acompañar aves o pescados.

****

"POPOVERS" *(Panecitos rápidos para la comida)*

Salen 6 con cada tanto. Hacer 2 tantos por separado.

En la licuadora mezclar 1 taza de leche, 1 taza de harina cernida, 2 huevos, 2 cucharadas de mantequilla derretida fría y ½ cucharadita de sal. Verter la pasta dentro de 6 moldecitos para muffins, embarrados con mantequilla. Llenar solamente hasta la mitad. Hornear a calor fuerte (190°C) aproximadamente 20 minutos. Servir con mantequilla.

Estos panecitos deben servirse en cuanto salgan del horno. Preparar media hora antes de la comida.

****

POSTRE DE MANZANAS

En una olla cocinar 2 kilos de manzanas peladas y rebanadas en 200gr de mantequilla. Agregar ralladura de 2 limones y 500gr azúcar. Engrasar un platón de 20 a 22cm de diámetro y 5cm de alto. Volcar la mitad de la pasta de manzana y cubrir con soletas. Barnizar las soletas con una mezcla de crema fresca, yemas y claras batidas a punto de merengue. Poner otra capa de manzana, una de soletas y terminar con una capa de crema.

Hornear a 180°C durante 20 minutos. Entibiar. Salpicar encima con azúcar y quemar con fierro caliente para formar un enrejado. (Se puede preparar este postre en un molde refractario para llevarlo directamente a la mesa).

****

POSTRE DEL ESTADO DE GUERRERO *(el antiguo pueblo de Iguala)*

Moler media taza de almendras con un poco de leche.

Hacer una "natilla" con leche: en un recipiente diluir media taza de fécula de maíz (Maizena) revuelta con 4 yemas y un poco de leche. Colar. Verter sobre la olla. Agregar más leche y las almendras. Cocinar y en cuanto hierva, retirar. Debe espesar bastante (agregar más Maizena si la necesita). Colocar la mitad de esta natilla en un molde refractario. Agregar un trozo de panqué o soletas, previamente embebidas en un jarabe ligero mezclado con Marsala o Moscatel, y luego terminar de agregar el almíbar sobre el pan. Cubrir con el resto de la natilla. Adornar con piñones. La receta tiene origen en el uso de un pan llamado Marquesote de Iguala, parecido al Mamón que servía de base a los postres llamados "Ante" o a pasteles. Refrigerar hasta el momento de servir.

****

De los postres mexicanos de Puebla y Guadalajara...

En seguida doy una lista de dulces mexicanos de gran tradición.

- Leche quemada (de mamey, almendra, duraznos, camote, coco, chirimoya)
- Leche negra
- Torta de cielo
- Huevos "moles"
- Huevos Reales
- Torta de almendra, perón, piña, camote, coco, arroz o mamey
- Suspiros
- Turrones
- Huevos hilados
- Alfajores de leche y coco
- Cocada
- Mostachones de almendra

- Jamoncillos de leche
- Frutas en conserva
- Jalea de Tejocote
- Cajetas de leche, nuez, piñones, piña, con almendra, con camote o perón
- Mameyes fingidos
- Membrillate
- Ate de guayaba, de tejocote, de perón
- Tirillas de frutas
- Torrijas o Torrejas
- Buñuelos de molde, de rodilla, de viento, etc.
- Flanes
- Huevos en Faltriquera
- Cubiletes
- Gelatinas
- Calabaza en tacha
- Capirotada
- Jericalla
- Jamoncillo de pepita
- Natillas

****

POSTRE LLAMADO "SOPAS DE AMOR"

Este postre se origina durante los tiempos de la Colonia en México.

Colocar una capa de bizcocho o panqué hecho en casa sobre un platón rectangular o molde. Preparar un almíbar al que se le agrega canela en rama, uno o dos clavos de olor y semillas de anís. Colar. Agregar ron al gusto. Bañar la capa de bizcocho con este almíbar. Cubrir con crema pastelera o natillas. Incorporar piñones, nueces y almendras picadas grueso, pasitas y acitrón también picado. Colocar otra capa de bizcocho y repetir la operación. Terminar con natillas y piñones o nueces.

****

POSTRE LLAMADO "BASURA"

(Este postre data de fines del siglo X!X. No sé por qué lo llamaron así ya que contiene ingredientes caros y no tiene nada que ver con basura o que sea merecedor de un título despectivo. En fin, la cuestión es que lo modifiqué un poco para acondicionarlo a los usos modernos.)

1 coco fresco rallado – 1 piña chica madura, limpia y picada – ½ kilo de azúcar – (1 taza de natas o crema batida) – 8 yemas – ½ taza de pasitas remojadas en ¼ taza de Oporto – ¼ taza piñones – ¼ taza almendras en hojuelas, tostadas – 1 cucharadita de canela en polvo – la punta de un cuchillo de clavos de olor en polvo.

Se prepara un almíbar con el azúcar y agua, a que cubra solamente el azúcar. Cuando esté a punto de almíbar ligero, agregar el coco rallado y la piña picada finamente. Cocinar 20 minutos aproximadamente o hasta que se haya evaporado el jugo de la piña. Seguir hirviendo a fuego suave y añadir las yemas ligeramente batidas. Mover todo el tiempo. Cuando empiece a "empanizar" (*) se agregan las pasitas con todo y el Oporto, las almendras, los piñones, la canela y el clavo en polvo. Se vacía a un platón para que enfríe.

Para servir, se utilizan platos pequeños de postre, se sirven dos cucharadas y se cubre con las natas frescas (**) o crema fresca batida. También se puede acompañar de helado de vainilla y lenguas de gato.

(*) El término "empanizar" se acostumbraba frecuentemente en los hogares del siglo XIX y principios del XX para describir el punto que debía alcanzar la preparación para ates, turrones y otros dulces. Al estar hirviendo la mezcla de frutas y azúcar llega un momento en el que ya se ha evaporado el líquido y el fondo del cazo empieza a verse como harinoso. Este es el momento en el que el postre empieza a empanizar.

(**) Las natas son la costra gruesa que se forma sobre la leche después de hervir. En España y otros países se llama nata a la crema que se forma sobre la leche fresca cuando es muy rica y gruesa, pero en México tenemos las dos versiones.

****

POSTRE "NUBES DE MANZANA"

(Este es un postre muy ligero, especial para una comida abundante o para personas con estómagos delicados y cuando nos sobran claras de huevo)

6 manzanas peladas y partidas a la mitad – ¼ taza de azúcar – 4 claras de huevo - ½ cucharadita de canela en polvo – pizca de sal - ½ taza de azúcar

Colocar las mitades de manzana en un molde refractario. Rociar con ¼ taza de azúcar y hornear 25 minutos o hasta que estén suaves. Licuar a formar un puré.

Aparte, batir las claras con la canela y una pizca de sal. Conforme se están batiendo las claras, después de que espumen y empiecen a subir, agregar poco a poco la media taza de azúcar, sin dejar de batir. Una vez que el merengue está duro, incorporar el puré de manzana suavemente, envolviendo, para que no se bajen las claras. Servir en copas. Acompañar con lenguas de gato o alguna otra galleta ligera.

****

PRALIN

El *praline* (ortografía en francés) es un caramelo duro hecho a base de agua, vinagre, azúcar y almendras (o nueces o avellanas). Se pone al fuego 1 taza de azúcar con media taza de agua y una cucharada de vinagre. Una vez que está formado el caramelo se incorpora 1 taza de almendras o avellanas limpias (o nueces). Se revuelve bien y se vierte sobre una mesa de mármol o una charola para galletas. Cuando enfría se hará como caramelo duro. Este *praline* es como una palanqueta que se va a hacer polvo, para agregarla a los postres, ya sea a un helado, para hacer chocolates o a diferentes presentaciones de pasteles.

****

PULPOS ESTILO CANTINA

2 kilos de pulpos – jugo de un limón – 2 hojas de laurel – ½ cucharadita de hierbas de olor – 1 taza de aceite de oliva – 6 dientes de ajo – ½ taza de vino blanco seco – 8 chiles serranos (los populares "chiles verdes") picados – 8 cebollitas de cambray partidas a la mitad – sal al gusto

Lavar los pulpos, escurrirlos y agregar el jugo de limón. Macerar durante 15 minutos. Enjuagar de nuevo. Hervir agua en una olla de buen tamaño. Para que los pulpos queden tiernos se les debe "asustar". Cuando hierva el agua se introduce el pulpo y se saca rápidamente (3 veces), luego ya se deja en el agua a que hierva durante 10 minutos y se agrega sal y las hojas de laurel. Enfriar y cortar en pedazos pequeños. Según la tradición, a los pulpos no se le debe retirar la suave piel que los cubre, pero esto es decisión de cada cocinero o del que los vaya a comer. Por otra parte, los pulpos se cuecen en poco tiempo y si se dejan más de 20 minutos entonces se deberán cocinar hasta cuarenta minutos para que vuelvan a suavizarse.

En una sartén calentar el aceite de oliva y dorar los ajos y las cebollitas de cambray. Agregar los pulpos, las hierbas de olor, el vino blanco, los chiles serranos y sal al gusto. Sofreír 10 minutos. Retirar del fuego y reposar dos horas. Servir a temperatura ambiente.

****

PURÉ DE CAMOTE BLANCO

(Este camote tiene la piel morada y es blanco por dentro. Para servir con lomo de cerdo asado con jugo de naranja y miel de abeja)

1 kilo de camote blanco hervido, limpio y hecho puré – 2 cucharadas de aceite de oliva – la punta de un cuchillo de ajo en polvo. Agregar ½ taza de agua que se licuó con 1 ramita de mejorana, 1 ramita de tomillo fresco, 1 hoja de salvia, 3 ramitas de perejil y unas ramitas de cebollín. Pasar por tamiz y agregar al puré.

****

"Q"

QUICHE LORRAINE *(se pronuncia: Kish Lorrén y en Francia se usa el término en femenino: la Quiche)*

Preparar una masa para pie o pasta *brisée* (ver Pastas para Tartas). Extender no muy gruesa. Forrar un molde y picar la pasta con un tenedor. Enfriar una hora. Colocar un pedazo de papel de estraza sobre la pasta y poner huesos de chabacano o frijoles encima, para que no se levante. Hornear 10 minutos a calor fuerte. Sacar del horno, retirar el papel y los huesos, para rellenar con el tocino, la crema y huevos.

Lavar 8 rebanadas de tocino (para retirar el exceso de sal) y saltearlas en la sartén hasta quedar crujientes. Escurrir sobre una servilleta de papel. Desmoronar el tocino y colocarlo sobre la pasta semi cocida, junto con una taza de queso suizo rallado. Batir 4 huevos con 2 tazas de crema espesa, añadir sal, pimienta cayena, un poco de nuez moscada y pizca de azúcar, y verter sobre el tocino. Hornear a calor fuerte durante 15 minutos. Bajar el calor y terminar de hornear a fuego moderado hasta que cuaje bien. Servir tibia.

****

"R"

REQUESÓN *PARSI* *(de la gastronomía Hindú)*

En una olla grande hervir 6 tazas de leche entera (*). Cuando hierva agregar 1/3 taza de jugo de limón fresco y cocinar, sin dejar de mover, durante 2 minutos. Retirar del fuego y enfriar. Colocar una coladera sobre un tazón grande y encima de la coladera poner una capa doble de manta de cielo. Verter el cocimiento de leche y limón y dejar escurrir durante una hora. Pasar el requesón a un plato de servicio. Sale una taza. Después de probar esta receta por primera vez se podrá tomar la decisión de hacer más cantidad porque una taza es poca cantidad para una familia normal y a los niños les encanta con un poco de compota de fruta o mermelada encima. Este requesón es ideal para servir con legumbres o para acompañar bocadillos con el aperitivo.

(*) si se quiere utilizar leche descremada no saldrá el requesón... se necesita una leche con sus grasas naturales.

****

REVOLTIJO DE ZARZAMORAS

Lavar 4 tazas de zarzamoras, escurrir y colocar en un molde refractario. Rociar encima ¾ taza de azúcar. En un tazón tamizar 1 taza de harina, ¼ taza de azúcar, 1 ½ cucharaditas de Royal y media cucharadita de sal. Añadir media taza de leche y 2 cucharadas de mantequilla derretida. Incorporar todo bien. Verter esta mezcla sobre las zarzamoras. Hornear a calor mediano durante 40 minutos. Servir caliente.

****

ROBALO EN ESCABECHE ROJO

Asar 4 chiles anchos y 4 guajillos. Limpiar y remojar en agua tibia. Retirar los chiles del agua, colocar en licuadora y licuar junto con 2 ajos, sal y 1 cucharada de vinagre de manzana y pizca de azúcar. Colar y freír en manteca de cerdo (de preferencia). Aparte, freír el robalo o mojarra en bastante aceite, escurrir y pasar a la cazuela con la salsa. Dejar 15 minutos y servir con arroz y cebolla desflemada.

****

ROLLO DE PAPA CON CHAMPIÑONES Y ESPINACAS

1) **Pasta:**- 600gr de papas – 200gr mantequilla – 8 huevos grandes – un poco más de ¼ litro de crema - ½ taza de harina – ½ taza de queso Gruyère rallado – sal al gusto

Hervir las papas al vapor o sin piel y en trozos, con agua a cubrir y cocinar hasta que el agua se elimine casi completamente. Batir la mantequilla y añadir las yemas una a una, sin dejar de batir. Agregar la papa, sal, crema, harina y pimienta (el queso puede ser opcional). Aparte, batir las claras a punto de turrón y mezclar a la otra preparación. Verter charola embarrada con mantequilla y espolvoreada con pan molido. Hornear a calor mediano. Cuando está lista la pasta de papa se voltea sobre una servilleta y se rellena con las espinacas. Se forma un rollo y se coloca de nuevo en una charola. Se cubre con queso gruyere y se hornea hasta que se derrita el queso y dore ligeramente.

2) **Relleno:**- ½ kilo de espinacas – 150gr requesón – 50gr queso Gruyère – 1 huevo – nuez moscada y sal

Hervir las espinacas y exprimir todo el líquido. Picar finamente a quedar casi como puré. Mezclar con el requesón, queso rallado, huevo, sal y nuez moscada.

3) Estofado – 300gr champiñones – 1 cucharada de jitomate concentrado – un poco de agua o caldo de verduras – 1 cebolla chica – 1 manojo de perejil – sal – 1 cucharada de mantequilla y una cucharada de aceite.

Picar la cebolla y dorar en mantequilla y aceite. Añadir los champiñones picados y luego el agua o caldo de verduras. Incorporar la pasta de tomate concentrado disuelto en un poco de agua. Cocinar 10 minutos más. Terminar con un poco de perejil picado.

****

ROLLO DE SALMÓN

300gr salmón fresco poché – 1 cebolla mediana picada – 3 jitomates – 100gr aceitunas verdes – 50gr alcaparras – 250gr queso amarillo – 1 taza de leche (o menos) – ½ cucharadita de paprika – pizca de pimienta cayena – sal y pimienta al gusto –

½ kilo de pasta hojaldrada o la masa que incluyo aquí –

Colocar el salmón en una sartén con agua, una hoja de laurel, un pedazo de cebolla, un pedazo de apio y un poco de sal. Hervir suavemente durante unos minutos. El salmón está listo si se desprende la carne fácilmente con un tenedor.

Licuar la cebolla y los jitomates, colar y freír en un poco de aceite. Ya que esté bien refrita esta preparación, agregar las alcaparras, las aceitunas y el salmón desmenuzado.

Guisar a fuego suave para secar un poco la preparación. Enfriar.

Extender la pasta a formar un rectángulo. Colocar la mezcla de salmón a lo largo y enrollar. Barnizar con yema y leche. Hornear 25 minutos o hasta que dore ligeramente.

El queso se derrite con la leche a fuego lento y se baña el rollo ya para servir.

Pasta para pie o rollo: 300gr harina – 1 cucharada de Royal – 50gr azúcar – 150gr mantequilla suave – 4 huevos – ½ cucharadita de sal – 1 taza de leche

Tamizar la harina, Royal, azúcar y sal sobre la mesa de trabajo. Hacer un hoyo en el medio, agregar la mantequilla y las yemas diluidas en media taza de leche. Ir mezclando todo y agregar el resto de la leche (solamente la cantidad necesaria). Incorporar todo si amasar.

****

"S"

SABAYÓN *(ZABAGLIONE)* – *Receta antigua*

En baño maría se ponen 4 yemas y se baten mucho. Cuando dupliquen su volumen se agrega azúcar al gusto (aproximadamente media taza). Mezclar perfectamente. Añadir media taza de Jerez dulce muy fino (puede ser Oporto o Marsala). Se bate un poco más y se pone a enfriar. Se sirve en copas acompañado de soletas o lenguas de gato.

****

SALMÓN CON MANTEQUILLA MONTPELLIER

Preparar un consomé rápido: en una olla mezclar 1 litro de agua con 1 taza de vino blanco, 1 cebolla mediana rebanada y 1 zanahoria rebanada. Agregar un *bouquet garni* (en Francia se le da este nombre a un manojo de hierbas de olor y legumbres frescas; en este caso lleva 1 rama de tomillo, 1 rama de perejil, 1 tallo de apio), sal y 8 granos de pimienta machacados. Dejar que esto hierva suavemente durante 20 minutos. Enfriar ligeramente.

Con un pedazo de manta de cielo envolver un lomo de salmón que pese aproximadamente un kilo y medio. Amarrar con un hilo y pasar a la olla de boca ancha o una sartén grande. Dejar que hierva suavemente durante media hora. Dejar que el pescado enfríe en la olla. Sacar, quitar el hilo que lo envuelve, retirar la piel y secar con un trapo limpio. Cubrir la superficie y los lados del salmón con una mantequilla Montpellier suave y servir sobre una cama de hojas de lechuga.

Mantequilla Montpellier: Hervir ligeramente 1 taza de hojas de espinaca y ¼ taza de hojas de cresón (berro), ¼ taza de estragón fresco, ¼ taza de perejil o perifollo. Dejar solamente 5 minutos. Escurrir esto y pasar a un tazón con agua fría. Escurrir de inmediato y secar con una toalla. Pasar a una tabla de picar y picarlas finamente hasta que semejen una pasta.

Hervir ligeramente 2 échalotes, finamente picados, en un poco de agua durante 5 minutos. Escurrir. Mezclar esto con 1 pepinillo en salmuera, finamente picado, 1 cucharada de alcaparras, un filete de anchoa y 1 diente de ajo chico, picado. Aplastar estos ingredientes hasta formar una pasta. Agregar las hojas verdes machacadas y las yemas de 2 huevos duros, desmenuzadas con un tenedor. En la batidora batir ¼ kilo de mantequilla sin sal hasta que esponje y añadir toda la pasta gradualmente. Añadir 2 cucharadas de aceite de oliva, sal y pimienta al gusto. Pasar todo por un tamiz fino. La mantequilla deberá tener un color verde cremoso.

****

SALMÓN ENCURTIDO

(Para buffet o cena de Navidad)

1 lomo de salmón fresco

- Preparar todo el lomo cortando la punta de tal manera que quede un rectángulo más o menos uniforme.

- Cortar el lomo en dos partes iguales

- La punta que quedó se puede utilizar para otra cosa, se puede asar ese mismo día o hervir (poché) para luego servirlo en frío con mayonesa o algún otro aderezo.

Rociar las dos mitades del lomo con partes iguales de azúcar y sal. Embarrar muy bien por los dos lados. Colocar una parte en un recipiente, cubrir con bastante eneldo fresco y rebanadas de limón. Colocar la otra mitad sobre la primera y dejar 48 horas en el refrigerador. Pasado este tiempo voltear las mitades para hacer lo mismo del otro lado. Cambiar las rebanadas de limón. Después de otras 48 horas ya estará listo para comer, es decir, al cabo de 4 días.

Para servir, rebanar cada trozo muy delgado como si fuera *sashimi*. Acompañar con una salsa de mostaza: se pueden utilizar granos de mostaza que se muelen al momento o mostaza preparada Dijon. Se agrega sal y un poco de azúcar, mucho eneldo picado y aceite de oliva.

Nota: si no se tiene eneldo fresco usar deshidratado, pero el sabor no es tan fino.

****

SALMÓN EN FRÍO

En una sartén ligeramente honda poner un trozo de jengibre rebanado, unos granos de pimienta, pizca de sal y agua. Poner a pocher rebanadas de salmón (lomo cortado en rebanadas gruesas como de 3 o 4cm). Cuando esté cocido el salmón (5 minutos a lo sumo) se saca y se guarda en un refractario con un poco de su mismo agua. Refrigerar tapado.

Para servir: bañar con crema de limón y albahaca… licuar crema, ralladura de limón y un poco de jugo, albahaca fresca, sal y pimienta.

****

SALPICÓN ESTILO ANTIGUO *(de la cocina tradicional mexicana)*

½ kilo falda de res – 6 dientes de ajo – 1 cebolla mediana y 1 grande – 1 hoja de laurel, sal y pimienta

Hervir la falda de res con ajo, cebolla mediana, laurel, sal y pimienta. Una vez cocida y muy tierna se deshebra (en hebras cortas). La cebolla grande se pica finamente y se desflema en agua con sal y un chorrito de vinagre, durante 10 minutos. Colar.

En un tazón colocar la carne deshebrada y bañar con la vinagreta: 1 cucharada de vinagre, 3 cucharadas de aceite de oliva, orégano desmenuzado y un poco de sal y pimienta. Reposar media hora.

Para servir, añadir lechuga picada finamente, aguacate en trocitos, rábanos rebanados (opcional), papita cocida y picada. Rectificar y agregar un poco más de aceite de oliva si lo necesita. No se usa jitomate dentro de esta preparación porque si sobra algo el jitomate le dará mal sabor al día siguiente. Servir el jitomate picado aparte.

****

SALSA BECHAMEL *(también llamada Salsa Blanca)*

2 cucharadas de mantequilla – 3 cucharadas de harina – ½ litro de caldo de verduras o de pollo – ¼ litro de leche hirviendo – sal, pimienta blanca y pizca de nuez moscada.

Derretir la mantequilla en una sartén a fuego suave, agregar la harina y poco a poco la leche y el caldo (puede ser únicamente leche). Mover todo el tiempo y cocinar hasta espesar. Agregar una cebolla pequeña mechada con un clavo de olor y una hoja de laurel. Seguir cocinando a fuego suave durante 10 minutos. Añadir más leche si se espesa demasiado. Pasar por tamiz.

Variantes de esta salsa:

- **SALSA ESPAÑOLA:** Esta salsa lleva vino y jugo de carne. Para obtener el color oscuro de esta salsa, se debe dorar ligeramente la harina y la mantequilla antes de añadir el caldo. Ideal para acompañar o como base de preparación de otras salsa en la elaboración de platos de caza, carnes o guisados.

Ingredientes para Salsa Española: 50gr de mantequilla – 1 zanahoria en daditos – ½ cebolla picadita – 1 rebanada de tocino picada – 1 vaso de vino blanco – ½ litro de caldo de carne – perejil picado – 1 hoja de laurel – 1 cucharada de extracto de tomate – 3 cucharadas de harina – pizca de sal – pizca de pimienta

Preparación de la Salsa española: Derretir la mantequilla en una cacerola y dejar dorar ligeramente, añadir la zanahoria, la cebolla y el tocino. Cocinar sin tapar y revolver de vez en cuando con cuchara de madera. Espolvorear la harina y dorar hasta que tome un color rojizo. Verter el vino blanco, añadir el perejil, el laurel, el extracto de tomate y salpimentar. Aumentar el fuego hasta que rompa el hervor, sin dejar de remover. Guisar veinte minutos, desgrasar, pasar por tamiz.

- **SALSA MORNAY:** Se agrega a la salsa bechamel o blanca queso rallado en el momento de servirla, es ideal para platos de pescados o para cuando se desea gratinar.

Para una salsa Mornay liviana: 1) Cuando la salsa bechamel está lista, se agregan 4 cucharadas de queso parmesano rallado y 2 cucharadas de mantequilla. 2) otra opción es agregar ½ taza de vino blanco a la preparación de la salsa bechamel o blanca, luego añadir 2 cucharadas de queso rallado y por último 1 cucharada mantequilla. 3) Agregar a la salsa blanca o bechamel dos cucharadas de queso rallado, retirar del fuego e incorporar una yema de huevo, mezclar y servir.

- **Salsa Aurora:** Especialmente recomendada para acompañar budines de verduras, gratín de mariscos, platos con langostinos, gambas o camarones, y también como acompañamiento de pescados magros.

Para preparar la Salsa Aurora: A ½ litro de salsa bechamel o blanca, una taza de puré de tomates frescos rallado o pasados por tamiz o licuadora.

****

SALSA DE JENGIBRE PARA MARINAR POLLO O CERDO

En una olla pequeña mezclar ½ taza de salsa soya, 1/3 taza de miel de abeja o miel de Maple, 1/3 taza de jerez semi-seco, 1 diente de ajo machacado y 1 cucharadita de jengibre fresco rallado. Calentar a fuego suave durante 5 minutos. Retirar. Usar esta salsa para marinar pollo o chuletas de cerdo durante 4 horas y también para mojar estas carnes mientras se están asando a la parrilla.

****

SALSA DE JITOMATE CON MADEIRA

En una olla pequeña calentar 1 taza de Madeira fino con 1 cucharada de azúcar, 4 cucharaditas de semillas de cilantro molidas y 4 tiras largas de cáscara de naranja y otras tantas de cáscara de limón. Cocinar a fuego suave durante 5 minutos. Colar la mezcla sobre una sartén grande y añadir 6 jitomates grandes sin piel, sin semillas y picados. Cocinar, tapados, 10 minutos. Retirar la tapa y cocinar un poco más la salsa durante 30 minutos o hasta que haya reducido notablemente. Pasar por tamiz. Servir sobre croquetas de jamón, papa o atún.

****

SALSA DE YOGURT Y PEPINOS *(para antipasto)*

-1 taza de yogurt simple – 2 pepinos pelados, sin semilla y ralladas (sale taza y media) – 1 diente de ajo machacado, hecho pasta con 1 cucharadita de sal – 1 cucharadita de jugo de limón – 2 cucharaditas de aceite de oliva – 1 cucharada de hinojo fresco picado o 1 cucharadita del seco – 1 cucharada de menta fresca picada o 1 cucharadita de menta seca en polvo.

En un tazón mezclar el yogurt, los pepinos, el ajo, jugo de limón, aceite, hinojo, menta, sal y pimienta al gusto. Enfriar la salsa (cubierta) durante una hora y servir como una botana para acompañar legumbres crudas o berenjena frita o camarones cocidos fríos.

****

SALSA HOLANDESA RÁPIDA

Esta salsa se prepara en licuadora. En una sartén derretir mantequilla a medir media taza. En la licuadora mezclar 3 yemas, 2 cucharaditas de jugo de limón, ¼ cucharadita de sal y un poco de pimienta cayena. Tapar la licuadora, prender el motor y apagar de inmediato. Volver a encender el motor, quitar la tapa y verter la mantequilla derretida caliente, en forma gradual. Apagar el motor. Mantener la salsa en baño maría, hasta que se vaya a usar. Sale aproximadamente 1 taza. Esta salsa se utiliza en pescados.

Otra salsa Holandesa rápida

En una sartén pequeña batir 2 yemas de huevo con 3 cucharadas de jugo de limón y sal y pimienta blanca al gusto. Partir en 8 pedacitos una barra de 100gr de mantequilla fría, muy fresca y añadir cuatro pedacitos a la sartén. Cocinar a fuego suave moviendo con un batidor de mano (globo) hasta que se derrita la mantequilla. Añadir el resto de la mantequilla moviendo. Cuando espese, retirar de inmediato.

****

SALSA MUSELINA

A una taza de salsa holandesa agregarle de 2 a 4 cucharadas de crema batida. Servir de inmediato sobre vegetales, huevos y pescado poché. La salsa también puede embarrarse sobre pescado o espárragos hervidos y pasar al asador para que gratine por encima.

****

SALSA ORIENTAL AL CACAHUATE

En una sartén pequeña saltear 1 cebolla mediana, rallada, en 2 cucharadas de mantequilla. Debe quedar ligeramente dorada, sin quemarse. (Se recomienda utilizar siempre mantequilla clarificada para que no se queme y cambie el sabor de los ingredientes). Agregar 1/3 taza de mantequilla de cacahuate, 2 cucharaditas de azúcar mascabado, 1 cucharadita de jugo de limón, 1 chile rojo (seco) sin semillas y bien molido, o salsa picante al gusto, y sal al gusto. Mezclar perfectamente. Agregar 1 taza de leche de coco y cocinar la salsa a fuego suave, moviendo, hasta que espese. Servir sobre legumbres o huevos duros, también sobre láminas de pechuga de pollo a la parrilla.

****

SALSA TÁRTARA

A 1 ½ tazas de mayonesa agregar 1 pepino en vinagre picado finamente, 4 cebollitas de rabo finamente picadas y 2 filetes de anchoa también picados, 1 cucharada de alcaparras picadas y 1 cucharada de perejil picado, un poco de estragón y 1 cucharada de mostaza ya preparada. Adelgazar la salsa con un poco de crema espesa. Añadir 1 cucharadita de jugo de limón, ½ cucharadita de azúcar y sal y pimienta al gusto.

****

SOPA CREMOSA DE CAMARÓN 🔟 (*Creada cuando vivía cerca del Ajusco, 1989*)

Medio kilo de camarones – 2 cucharadas de mantequilla – 3 cucharadas de cebolla rallada – 1 diente de ajo – 1 taza de vino blanco – crema fresca – sal, pimienta, pimienta cayena, mostaza en polvo, estragón y nuez moscada en polvo – caviar rojo o amarillo

Hervir ½ kilo de camarones, pelar, limpiar y dejar aparte. Licuar las peladuras de los camarones con el agua en la que hirvieron. Colar.

En una sartén freír la cebolla rallada en la mantequilla (de preferencia clarificada). Incorporar un diente de ajo prensado. Saltear brevemente. Agregar una cucharada de Maizena y el caldo del camarón colado. Cocinar 5 minutos a que espese ligeramente. Añadir el vino blanco seco, sal, pimienta y un poco de estragón. Incorporar los camarones picados y sazonar con pimienta cayena, pizca de curry, mostaza en polvo y nuez moscada recién rallada. Cocinar 5 minutos. Si está demasiada espesa la sopa, agregar un poco de agua y rectificar la sal.

Al servir, agregar a cada plato 1 cucharada de crema fresca espesa y sobre ésta media cucharadita de caviar rojo o amarillo.

****

SOPA CREMOSA DE CASTAÑAS

(Esta es una deliciosa y muy elegante sopa para lucirse en las fiestas de fin de año)

375gr de castañas frescas, peladas – 6 cucharadas de mantequilla sin sal – 2 dientes de ajo – 2 tallos de apio – 1 rama de hinojo - ½ taza de Jerez muy bueno – 5 tazas de caldo de pollo – 2 cucharadas de sal – 1 cucharadita de pimienta – 2 tazas de vino blanco

En una olla grande hervir las castañas peladas durante 10 minutos. Colar, tirar el agua y cortarlas en trozos.

En una sartén derretir la mantequilla, agregar el ajo y el apio y guisar por 8 minutos.

Agregar las castañas y la rama de hinojo. Hervir 10 minutos (el olor de las castañas se va a esparcir por el ambiente).

Añadir el vino blanco y dejar que hierva hasta que se reduzca a la mitad. Incorporar el jerez y seguir el cocimiento hasta que quede poco líquido. En ese momento, verter el caldo de pollo y calentar hasta que hierva. Reducir el fuego para seguir el cocimiento 15 minutos más. Enfriar un poco. Pasar la sopa a la licuadora y moler finamente. Colar. Rectificar de sal y pimienta. Servir.

****

SOPA CREMOSA DE COLIFLOR

En una olla derretir 2 cucharadas de mantequilla clarificada. Saltear media cebolla picada finamente. Cuando la cebolla esté transparente, agregar 3 tazas de caldo de pollo (hecho en casa, de preferencia) unas hebras de azafrán, 1 cucharada de curry en polvo, 1 manzana picada y 1 taza de flores de coliflor cocidas. Cocinar 15 minutos o hasta que las manzanas estén tiernas. Retirar del fuego, agregar 1 taza de crema muy fresca (que no sea ácida) y licuar.

Volver al fuego solamente para calentar. Servir de inmediato. Adornar con una rebanada delgada de manzana, unas hojas de epazote o perejil finamente picado.

****

SOPA DE BACALAO

2 cebollas – 4 cucharadas de aceite – 2 dientes de ajo – 2 jitomates – 200gr de bacalao – 2 yemas – ½ taza de crema – sal y pimienta – 1 ½ litros de caldo de bacalao – 3 huevos cocidos – 100gr de chícharos tiernos hervidos aparte – 200gr de papas

Remojar toda la noche el bacalao. Al día siguiente enjuagar muy bien y colocar en una olla esmaltada con 3 litros de agua. Hervir junto con las papas peladas, una cebolla, sal y pimienta, 30 minutos. Cuando las papas estén tiernas retirarlas y también retirar el bacalao y licuar con un poco de caldo en que cocieron.

En el aceite se fríen los ajos, se retiran y se fríe el jitomate asado, molido con la otra cebolla y colado. Cuando espesa el jitomate y está bien sazonado, se agrega el bacalao licuado y se prueba para agregar sal y pimienta si necesita. Ya para servir se agrega la crema, las yemas y los huevos cocidos y picados. Por último, los chícharos hervidos que estén muy tiernos. También se puede acompañar con rebanadas de pan tostado o croutons.

****

SOPA DE BERROS *(estilo japonés)*

Receta aprendida durante las clases de cocina japonesa que tomé con la maestra Kuniko

4 tazas de caldo de pollo -1 cucharada de Sake -1 cucharada de cebolla de cambray picada -1 pedacito de jengibre picado -¼ taza de arroz japonés o fideos transparentes "lluvia" -1 manojo de berros -1 cucharada de salsa soya –sal y pimienta al gusto

Mezclar en una olla el caldo de pollo, el sake, cebolla, jengibre y arroz (al usar "lluvia" se deben remojar previamente los fideos para cortarlos en pedazos y que sean más manejables para comer)

Hervir hasta que esté cocido el arroz o la lluvia. Se añade la soya, sal (si necesita) y pimienta. Se sazona unos minutos. Los berros se cortan en pedazos pequeños y se agregan dejándolos hervir 5 minutos más.

****

SOPA DE CAMARÓN Y QUESO

Tener lista 1 taza de salsa de jitomate estilo italiano. En la licuadora incorporar ¾ de taza de salsa de jitomate, 150gr de queso crema, 100gr de queso Gouda rallado y 100gr de queso tipo Manchego (o Jack Monterey)

rallado. Agregar 200gr de camarones cocidos (dejar 4 para adornar los tazones de sopa). Licuar todo y calentar a fuego suave, sin hervir.

Probar si está bien sazonado o necesita sal y pimienta. Servir en 4 tazones y decorar con un camarón en cada tazón.

****

SOPA DE CHAYOTE

3 chayotes tiernos – mantequilla – 3 cucharadas de cebolla picada – 3 ramas de epazote fresco – ½ litro de leche – 2 cucharadas de harina o fécula de maíz – 2 cucharadas de crema – sal y pimienta al gusto

Hervir los chayotes con todo y cáscara. Una vez suaves, retirar la cáscara, picar y saltear en 2 cucharadas de mantequilla y las cebollas picadas. Licuar, agregando 10 hojas de epazote. Colar.

En otra sartén, derretir 3 cucharadas de mantequilla, agregar la harina o fécula de maíz y la leche caliente. Mover hasta que espese. Incorporar el licuado de chayote. Sazonar al gusto. Por último, añadir la crema. Cocinar unos minutos a fuego suave. Servir con croutons (panecitos fritos).

****

SOPA DE CHÍCHARO

En una sartén saltear en 3 cucharadas de mantequilla, una taza de lechuga picada y media taza de cebolla picada. Tapar. Cuando estén suaves las legumbres agregar 3 tazas de chícharos frescos junto con 3 tazas de consomé de pollo, 1 cucharada de hojas de menta, pizca de azúcar y sal y pimienta al gusto. Hervir durante 25 minutos a fuego lento.

Licuar la mezcla y pasar por tamiz. Volver al fuego y agregar 1 taza de crema espesa. Calentar suavemente la sopa y añadir 2 cucharadas de mantequilla. Servir la sopa en tazones calientes. Adornar con panecitos tostados o *totopos* (pequeños triángulos de tortilla fritos).

****

SOPA DE CHILE POBLANO

6 chiles poblanos asados, limpios y sin venas – ½ cebolla picada- 100gr de queso panela o canasta (blanco, fresco) – 1 taza de tortillas cortadas en "*totopos*" y fritas – 1 taza de granos de elote muy tiernos, cocidos – ½ taza de crema espesa – 1 litro de leche o caldo – 2 cucharadas de fécula de maíz

En una olla saltear la cebolla en mitad mantequilla y mitad aceite. Cuando esté semi dorada o transparente, agregarla a la licuadora, con medio litro de leche y 5 chiles asados. Licuar y colar. Verter en la olla. En otro medio litro de leche (o caldo) disolver la fécula de maíz y agregarla a la sopa. Mover suavemente para que se incorpore y espese. Agregar sal, pimienta y una pizca de nuez moscada.

Por último, añadir la crema y calentar la sopa, sin que hierva. Cortar en juliana el chile que quedó. Servir en tazones con *totopos*, cuadritos de queso, granos de elote y las rajas muy finas de chile poblano.

****

SOPA DE ELOTE AL CURRY

6 elotes muy tiernos – 1 ½ tazas leche – 1 cucharada de cebolla finamente picada – ½ cucharadita de curry en polvo – 1 taza de crema (no espesa) – 2 cucharadas de mantequilla – sal y pimienta al gusto – perejil picado

Raspar los elotes (con un rallador grueso, para que se desprenda muy bien la leche espesa del elote – cuando los elotes son muy tiernos el trabajo de raspar resulta muy sencillo y rápido). Deben salir 2 tazas de este atole lechoso. Pasar este líquido espeso a una olla, junto con la leche y la cebolla. Cocinar 20 minutos, a fuego moderado. Pasar por tamiz. Mezclar el curry en polvo con la crema y agregar a la leche de elote. Calentar la sopa agregando la mantequilla, sal y pimienta. Se debe tener cuidado al calentar la sopa que ya contiene la crema, para que no se corte. Calentar a fuego lento, moviendo todo el tiempo con cuchara de madera. Cuando esté bien caliente servir en tazones decorando con perejil finamente picado o con *croutons.*

****

SOPA FRÍA DE AGUACATE

3 aguacates maduros pero firmes – 3 tazas de caldo de pollo desgrasado - ½ taza de crema muy fresca – jugo de medio limón – 1 taza de yogurt natural - granos de granada roja.

Sacar la pulpa de los aguacates y licuarla con una taza de caldo, la crema, el jugo de limón y el yogurt natural. Pasar por tamiz e incorporar el resto del caldo de pollo. Para servir: colocar un cucharón de sopa en un tazón, decorar con unas gotas de crema líquida y unos granos de granada roja.

****

SOPA DE GOTAS DE HUEVO

En una olla grande mezclar 4 tazas de caldo de pollo muy bueno y 2 cucharadas de vino blanco seco. En un tazón mezclar 6 huevos, 1/3 taza de queso parmesano rallado y 1/3 de migas de pan del día anterior (telera, bolillo o baguette sin las costras). Cuando el caldo está en ebullición, pasar la mezcla de huevo a una taza de medidas con pico para verter y dejar caer sobre el caldo poco a poco en un chorro continuo, moviendo la sopa todo el tiempo. Bajar el fuego y cocinar lentamente 3 a 5 minutos, o hasta que se cueza la mezcla de huevo. Pasar a tazones individuales para sopa y decorar con perejil picado.

****

SOPA DE HONGOS 🅛🅑 *(Ajusco, temporada de lluvias de1980)*

1 ½ tazas de hongo *clavito* muy bien lavado – ½ pechuga de pollo hervida y deshebrada – ½ cucharadita de mostaza en polvo – 1 cucharada de Miso (*) – ¼ de cucharadita de curry en polvo – pimienta blanca – leche – 1 taza de champiñones picados –

Guisar el hongo clavito, desmenuzado, con un poco de mantequilla y cebolla picada. Este hongo tiene una singular apariencia ya que se presenta como un cúmulo de pequeños hongos alargados unidos en una sola base. Deben lavarse perfectamente para eliminar la tierra que traen. Normalmente los hongos no se lavan, como los champiñones o los portobello, solamente se sacuden con un trapo, pero estos deben lavarse.

Guisar los champiñones picados con mantequilla y perejil picado.

En un recipiente colocar el hongo *clavito* con todo y el líquido que le sale durante el cocimiento. Agregar la pechuga deshebrada, la pasta de Miso diluida en 1 taza de agua o el consomé que resulte al hervir la pechuga.

En una olla esmaltada derretir 2 cucharadas de mantequilla. Agregar 2 cucharadas de cebolla rallada, el hongo clavito junto con la pechuga, 2 tazas de leche en donde se disolvió el curry y la mostaza. Añadir pimienta blanca recién molida y sal al gusto. Probar y sazonar con más curry, mostaza o sal.

Por último, incorporar los champiñones picados y 1 taza de consomé o leche. Cocinar suavemente 10 minutos y servir.

(*) La pasta miso se obtiene de la fermentación de la soya. Se usa profusamente en la cocina japonesa y aporta excelentes beneficios como probiótico.

Nota: si no encuentras el hongo clavito puedes remplazarlo por pequeños hongos portobellini.

****

SOPA DE NOPALITOS

6 nopales medianos – ¼ taza de agua – sal de mar – 1 cucharadita de azúcar – aceite para freír – 2 dientes de ajo – media cebolla – 3 chiles guajillos – 1 cucharada de consomé en polvo – 1 rama de epazote- 200gr de queso panela (queso blanco fresco).

Picar los nopalitos y hervirlos en un poco de agua (no necesitan mucho agua para su cocimiento) con sal y el azúcar para cortar la baba.

En un poco de aceite freír la cebolla picada y los ajos. Agregar los chiles guajillos limpios licuados con un poco de agua y colados (se les retiran las venas y las semillas, se hierven 5 minutos y se escurren para luego licuarlos).

El consomé en polvo se mezcla con 4 tazas de agua y se agrega a la olla en donde está la cebolla y el chile. La harina se mezcla con un poco de caldo y se incorpora al resto de la sopa. Incorporar la rama de epazote. Cocinar 15 minutos.

Pasado este tiempo se agregan los nopalitos escurridos y el queso cortado en cubos pequeños. Se retira el epazote. Se prueba para ver si no le hace falta sal.

****

SOPA DE PESCADO 🕮

(Esta es mi receta creada en el otoño de 1988 – Ajusco)

Pedir al pescadero que saque los lomos a un huachinango de 1 kilo aproximadamente y deje aparte la espina, cabeza y cola.

Poner a hervir la espina, cabeza y cola en l litro de agua. Agregar poca sal, ¼ de cebolla y ½ hoja de laurel. Cocinar media hora. Colar a través de un lienzo delgado o manta de cielo. Sacar la carne que haya quedado pegada a la cabeza y espina. Añadir al caldo colado.

Remojar los lomos en jugo de naranja durante media hora. Escurrir. Rebanar la carne de estos lomos y dorarlos en mantequilla. Agregar sal y pimienta al gusto. Poner aparte.

En una olla calentar un chorrito de aceite de oliva, freír ligeramente dos o tres dientes de ajo picados. Agregar 2 papas cocidas, cortadas en cuadritos pequeños, 2 cucharadas de poro rebanado delgado y 2 jitomates pelados y picados. Sofreír y agregar el caldo de pescado, un poco de azafrán diluido en media taza de agua caliente, y la carne de los lomos. Probar de sal cuando hierva. Servir con panecitos dorados.

****

SOPA DE PESCADO #2 🔲 *(receta original 1997)*

½ kilo de bagre o huachinango – ¼ kilo de cazón – ½ kilo de lenguado – ½ kilo camarones – 1 cebolla grande picada – 1 taza aceite – 4 dientes de ajo picados – ½ kilo de jitomates pelados y picados – 3 litros de agua – 2 cucharadas de perejil picado – 10 rebanadas de bolillo o baguette – 2 hojas de laurel – sal al gusto – 2 chiles serranos picados finamente – cebollas encurtidas – rebanadas de limón - 2 chiles guajillos dorados en aceite y rebanados – ½ cucharadita de paprika o pimentón español -

En una olla grande calentar ½ taza de aceite. Agregar la cebolla, el laurel y dos dientes de ajo picados. Dorar. Añadir el jitomate, pizca de azúcar y sal al gusto. Sazonar (10minutos). Verter el agua hirviendo. Añadir el cazón y lenguado en pedazos y hervir 15 minutos. Incorporar el huachinango o lobina y los camarones y cocinar 5 minutos. Añadir el pimentón. Rectificar de sal y agregar pimienta recién molida.

Aparte, dorar en aceite otros 2 dientes de ajo y retirar. Dorar ahí mismo las rebanadas de bolillo. Colocarlas en platos individuales donde se va a servir la sopa. Acompañar con chile verde picado, cebollas encurtidas, rebanadas de limón y guajillo frito rebanado, dispuestos en diferentes platos.

****

SOPA DE QUESO GRUYERE

1 litro de caldo – media cebolla picada finamente – 250gr de queso Gruyère rallado – 4 papas cocidas – perejil picado – 4 yemas de huevo.

Se prepara un buen caldo de gallina o pollo, sazonado con zanahoria, colinabo, ajo, cebolla y sal. Luego se cuela a través de un lienzo para que quede transparente.

Aparte, se pica cebolla finamente y se fríe en mantequilla. Una vez sazonada la cebolla (sin que se queme) se agrega el caldo y un poco de pimienta blanca molida. Se agregan las papas pasadas por el prensa-papas y la mitad del queso Gruyère. Cocinar unos minutos. Se saca un poco de caldo para mezclar las yemas y evitar que se cuezan directamente con el hervor del caldo. Se retira del fuego la sopa y se agregan las yemas, moviendo rápidamente. Se vuelve al fuego y cuando suelte el hervor se retira, se pasa a una sopera, se rocía con el perejil y el resto del queso rallado.

****

SOPA JULITA 🔳

(Creada en 1986 en honor de mi abuelita Julia)

3 cebollas grandes rebanadas – 100gr de jamón serrano picado – 1 vaso de vino blanco – 1 rama de apio – 3 jitomates pelados y sin semillas – 2 papas peladas, cortadas en cubos – 2 yemas – ¾ litro de agua – tomillo, perejil y pizca de nuez moscada – aceite de oliva – ½ taza de perejil picado

Freír las rebanadas de cebolla en el aceite. Añadir el jamón, los jitomates en cuarterones y el apio picado. Cocinar unos minutos y verter el vino. Hervir 5 minutos. Agregar el agua, las papas y las especias. Sazonar con sal y pimienta. Hervir 30 minutos. Retirar del fuego y licuar. Colar. Batir las yemas con unas cucharadas de sopa e incorporar a la olla. A fuego suave cocinar dos minutos, moviendo con una cuchara de madera. Agregar el perejil picado.

Nota: si la sopa no tiene la consistencia espesa deseada, mezclar una cucharada de mantequilla suave con una cucharada de harina y agregar a la sopa. Acompañar con *croutons*.

SOPA "MARTATEPETL" 🆙 *(creada en mi casa de San Andrés Totoltepec, 1986)*

6 ramas de apio picadas – ½ cebolla grande picada finamente – mantequilla – 20 espárragos hervidos aparte – 2 tazas de leche – 1 taza de champiñones frescos – 2 cucharadas de fécula de maíz

Saltear el apio y la cebolla en un poco de mantequilla. Agregar 1 taza de agua y cocinar 15min. Licuar esto junto con los espárragos y 1 taza del agua en que hirvieron. Colar. Apartar ½ taza del líquido y mezclar las 2 cucharadas de fécula de maíz (Maizena). Mezclar al resto del líquido. Vaciar a una olla.

En otra sartén, saltear en mantequilla los champiñones picados finamente. Cocinar 5 minutos. Sazonar con sal y pimienta. Agregar la leche a la sopa y por último los champiñones. Servir con croutons tostados.

****

SOPA "MASCALLI" 🔲

(Esta receta ganó el Segundo lugar en la Reunión Nacional De Estudio Sobre el Nopal en la Ciudad de México en 1984.)

Dos tazas de agua o caldo de pollo – 2 cucharadas de aceite de oliva – 2 tazas de champiñones – 100gr mantequilla – 1 cucharada de harina - 2 tazas de nopalitos picados (cocidos aparte) – 2 ramas de apio – 2 tortillas frías cortadas en cuadros pequeños y fritas en aceite – 1 diente de ajo – 2 chiles pasilla tostados o fritos en aceite – ½ cebolla – 2 cucharadas de consomé de pollo en polvo (o 2 cubitos) – sal y pimienta al gusto

Saltear los champiñones, apio, ajo y cebolla en la mitad de la mantequilla. Agregar sal. Cocinar 5 minutos. Licuar. Colar. Agregar a esta preparación los chiles pasilla limpios de semillas, cortados en pedacitos y el consomé de pollo.

En otra olla o sartén grande derretir el resto de la mantequilla, agregar harina y sofreír unos minutos. Añadir el licuado más el consomé y los nopalitos. Cocinar a fuego lento 15 minutos. Sazonar. Servir con las tortillas fritas como *totopos*.

Nota: Los nopalitos se pican y se hierven en agua con un pedazo de cebolla y poca sal durante 15 minutos. Cuando están tiernos se escurren y se tapan con un trapo para que no suelten baba.

A esta sopa se le puede agregar ½ taza de jícama picada finamente, al momento de agregar los nopalitos.

****

SOUFFLÉ HELADO DE LIMÓN

Sacar la ralladura de 4 limones grandes, apartar. Exprimir el jugo en una taza de medidas y agregar jugo de otros limones para llenar la taza. Rociar una cucharada de grenetina en polvo sin sabor sobre el jugo para que suavice.

En un tazón batir 6 yemas con 1 ¼ tazas de azúcar hasta que haga listón. Añadir 1 taza de leche caliente, en chorro fino, moviendo constantemente. Pasar esta mezcla a una sartén gruesa y cocinar a fuego suave, moviendo todo el tiempo con una cuchara de madera, hasta que espese y empiece a cubrir la cuchara. **No debe hervir.** Retirar la sartén del fuego y agregar la mezcla de jugo y grenetina. Añadir 1 o 2 gotas de colorante verde (opcional). Incorporar bien los ingredientes. Pasar por un tamiz a un tazón y añadir la ralladura de limón, dejando aparte 1 cucharadita. Colocar el tazón sobre hielo y mover ocasionalmente hasta que esté frío pero que no cuaje.

En otro tazón batir 2 claras de huevo con pizca de sal hasta que formen picos. En otro tazón, batir ¾ taza de crema espesa (especial para batir) hasta que forme picos. Incorporar crema y claras y verter suavemente sobre la mezcla de limón.

En un molde redondo colocar una tira de papel encerado fuera del borde. La tira debe estar ligeramente aceitada con aceite de almendras dulces. Cuando esté listo ese collar de papel llenar el molde con la mezcla del postre y refrigerar por lo menos 6 horas o hasta que esté firme. Retirar con cuidado la tira de papel y rociar con coco rallado y tostado sobre la orilla. En el centro rociar el resto de la ralladura de limón.

****

"T"

TAMAL DE CAZUELA DE MOLE Y ELOTES

(Este guiso se hacía en una cazuela de barro que se ponía a la lumbre [el fogón o el brasero], se cubría con una tapa y encima de ésta se colocaban unos ladrillos calientes para que se cocinara "a dos fuegos". Esta era una forma de "gratinar"- Con el uso del horno ya no hay necesidad porque se puede dorar por encima de manera uniforme.)

10 elotes – 150gr de mantequilla – 150gr de manteca de cerdo - 1 taza de mole ya preparado (que lleve un poco de chocolate de metate) ½ kilo de carne de puerco o pollo – 1 taza de leche – 4 huevos

Desgranar los elotes y molerlos con la leche. La carne se pone a cocer con sus hierbas de olor. Preparar el mole agregándole un poco de jitomate, cebolla y ajo fritos aparte. Mezclar. Deshacer un poco de chocolate en el caldo de la carne. Desmenuzar la carne. A los elotes molidos se les agrega sal y 2 cucharadas de azúcar y la mantequilla o manteca. Si está seco, se agrega un poco de leche y los huevos ligeramente batidos. Incorporar todo y verter en un molde engrasado. Colocar la mitad de la mezcla de elote, luego el mole con la carne y por último cubrir con más mezcla de elote. Se mete a horno caliente por 1 hora.

****

TAMALES DE ELOTE (*cocina tradicional mexicana*)

Estos tamales quedan muy tersos porque se pasan por el colador después de licuados, pero se pueden dejar tal cual si se quieren más abultados y consistentes.

12 elotes muy frescos – semillas de anís y anís en polvo – leche, la necesaria – rajas de canela – ¾ taza de azúcar –

Retirar las hojas de los elotes con cuidado y hervirlas unos minutos en agua con semillas de anís. Escurrir. Rebanar los granos de los elotes. Moler los granos con un poco de leche y colar. Al líquido que salió se le agrega una taza de leche. Poner a cocer este atole con unas rajas de canela y una pizca de anís en polvo. Cuando ha hervido 5 minutos añadir el azúcar. Continuar su cocimiento hasta que se vea el fondo del cazo. Probar para ver si tiene buen dulzor. Con esta mezcla se van cubriendo las hojas de elote, se doblan y se colocan los tamales con cuidado dentro de un recipiente en donde se pondrán al vapor. Se sirven calientes.

****

TAMALES DE ELOTE (otros)

½ kilo de masa – 2 tazas de nata bien llenas – 5 elotes – 2 cucharadas de mantequilla – 2 cucharadas de manteca – 1 cucharada de Royal – pasitas o trocitos de acitrón – un poco de leche para moler los granos de elote – azúcar al gusto – pasitas o acitrón picado

Quitar las hojas a los elotes. Separar las mejores. Limpiar los elotes de todos sus cabellitos y desgranarlos. Moler los granos con un poco de leche. En un tazón grande colocar la masa, los polvos de hornear, la nata, la mantequilla y la manteca. Agregar el licuado de elotes y media taza de azúcar. Probar para ver si necesita más. Añadir media cucharadita de sal. Mezclar perfectamente. Agregar las pasitas o el acitrón (opcional). Se pone una o dos cucharadas de esta mezcla en las hojas de elote y se colocan en una olla para cocinarse al vapor. Estarán listos los tamales después de una hora.

****

TAMALES DE FLOR DE CALABAZA *(cocina tradicional mexicana)*

3 kilos de flor de calabaza muy fresca – 10 chiles poblanos de tamaño regular – 2 manojos de epazote – 1 cebolla mediana picada - 6 huevos – 2 cucharadas de polvos de hornear Royal – ¾ kilo de manteca de cerdo – 1 ½ kilos de harina para tamal – un poco de tequesquite (*) y cáscara de tomate verde (tomatillo)

El día anterior se ponen a desflemar los chiles poblanos habiéndolos asado y ya sin piel, bien limpios.

Las flores de calabaza se desprenden del tallo y solamente se van a usar los pétalos. En una cazuela se fríe la cebolla con un poco de aceite, se agregan los pétalos semi picados y los chiles poblanos escurridos y cortados en rajas. Se sofríe a fuego suave y se agrega epazote picado (cantidad al gusto).

Se pone a hervir media taza de agua, se agregan una o dos cáscaras de tomate verde y un poco de tequesquite. La manteca se bate hasta que esponje. Luego se le agrega la harina para tamal y el Royal más un poco de agua de tequesquite colada. Se añade sal al gusto. Se incorpora todo perfectamente para formar la masa.

Se coloca una cucharada grande de masa sobre una hoja de elote, se agrega una cucharada del relleno de flores de calabaza y se dobla con cuidado. Cada tamal se coloca, parado verticalmente, dentro de la olla que va a ir al vapor. Seguir haciendo todos los tamales. Cocinar al vapor durante una hora y media. Revisar su cocimiento a la hora. Cuidar que siempre haya agua en la olla de la vaporera.

****

TARTA DE FRESA O FRAMBUESA

Pasta: tamizar 2 tazas de harina, formar un hueco en el centro y agregar 100gr de mantequilla suave, 4 yemas, 4 cucharadas de azúcar y pizca de sal. Formar la masa con un poco de leche.

Extender la pasta y colocar dentro del molde para tarta. Forrar con papel encerado y colocar huesos de chabacano o frijoles crudos para que no se levante en el horno. Hornear 20 minutos. Retirar el papel y seguir horneando hasta obtener un color dorado parejo. Enfriar.

Relleno: Batir 1 huevo y 1 yema. Agregar 3 cucharadas de harina y 3 cucharadas de azúcar, junto con 1 cucharada de grenetina en polvo y ¾ taza de leche caliente. Se pone al fuego y cuando vaya a hervir se retira y se enfría, sin dejar de mover, para que no haga nata en la superficie. Agregar la clara de huevo batida a punto de turrón, 6 cucharadas de crema dulce batida y 3 cucharadas de ron (o ralladura de limón). Vaciar sobre la costra horneada. Colocar 2 tazas de fresas partidas a la mitad (o frambuesas enteras muy frescas), a lo largo y se barniza con un poco de jalea de fresas o frambuesas diluida con un poco de agua, para darle brillo a la fruta.

****

TARTA DE LIMÓN Y QUESO

Hornear la base de la tarta. Colocar una capa de salsa de limón (lemon curd). Encima de esta salsa verter la mezcla de queso:

2 quesos crema tipo Filadelfia – ½ taza de azúcar – 2 claras batidas con el azúcar a punto de merengue – 1 taza de crema batida – vainilla o ralladura de limón. Pasar esta mezcla a una manga de repostería y colocar bolitas sobre toda la tarta. Adornar con cáscaras de limón en conserva, cortadas en rajitas.

****

TARTA DE MANZANAS A LA ALSACIANA

Encender el horno a calor fuerte, y cuando se introduzca la tarta, se bajará el calor a moderado.

150gr de harina - 50gr de mantequilla – 1 cucharada sopera de azúcar y una pizca de sal.

Mezclar estos ingredientes, agregando un poco de agua o un huevo entero, y amasar perfectamente. Extender la pasta con el rodillo y cubrir el molde previamente engrasado con mantequilla. Encima, acomodar 3 manzanas peladas y cortadas en medias lunas. Cubrir con la siguiente

Crema: mezclar 3 cucharadas de azúcar, 1 cucharadita de harina y un poco de leche. Una vez incorporados estos ingredientes, agregar un huevo entero mezclado con media taza de leche. Revolver y verter sobre las manzanas. Espolvorear con canela en polvo. Meter al horno de inmediato para que no se suavice la pasta. Cocinar 30-45 minutos.

****

TARTALETAS DE QUESO

Preparar una base de pie con pasta *brisée*. Extenderla con el rodillo, cortar 16 redondeles sobre la superficie enharinada. Presionarlos dentro de un molde para *muffins* y cortar el exceso. Enfriar 1 hora.

En una sartén calentar 3 cucharadas de mantequilla, agregar 1/3 de taza de harina y cocinar el *roux* unos minutos. Retirar del fuego y agregar 1 taza de leche caliente, ½ cucharadita de sal y pizca de nuez moscada y de pimienta blanca. Batir la mezcla con una cuchara de madera a fuego suave hasta que se separe de los lados de la cacerola y forme una bola. Enfriar un poco y agregar 2 yemas de huevo y 1/3 de taza de queso rallado. Incorporar las claras batidas a punto de turrón. Pasar la mezcla a los moldes de *muffins* llenando tres cuartas partes. Hornear las tartaletas 10 minutos a calor fuerte en la parte inferior del horno y luego 10 o 15 minutos más en la parte del centro o hasta que hayan inflado y dorado un poco de encima.

****

TARTALETAS DE QUESO *(otras)*

En un tazón tamizar 1 ¼ tazas de harina y pizca de sal. Agregar 50gr de mantequilla cortada en pedacitos y mezclar con un tenedor. Quedarán grumos. Agregar 3 cucharadas de agua fría y manejar con los dedos hasta formar una masa. Hacer una bola, enharinarla y envolverla en papel encerado. Refrigerar media hora.

En otro tazón batir 3 yemas de huevo con 2/3 taza de azúcar hasta que se torne amarillo limón y esté espesa. Añadir 1 ½ tazas de queso crema, 1/3 taza de almendras limpias y molidas, 1/3 taza de coco rallado, 1 cucharada de azúcar y la punta de un cuchillo de canela.

Extender la pasta sobre la mesa enharinada. Debe quedar muy delgada. Cortar en cuadros. Quitarles el pico de las orillas. Colocar 2 cucharadas de la mezcla al centro de cada cuadro y levantar las orillas para pellizcarlas a quedar unidas. Hornear las tartaletas sobre charolas ligeramente engrasadas con mantequilla, a calor fuerte, durante 15 a 20 minutos o hasta que doren ligeramente. Pasarlas a una rejilla para que enfríen. Salen aproximadamente 12 tartaletas.

****

TARTALETAS DE TRES QUESOS

En un tazón mezclar media taza de salsa béchamel (salsa blanca) espesa, 2 cucharadas de queso Gruyère rallado, 2 cucharadas de queso crema y 2 cucharadas de queso Parmesano rallado (que esté muy fresco). Agregar 1 huevo ligeramente batido y sal y cayena al gusto. Aparte, preparar pasta para pies y forrar 10 moldes de tartaleta. Hornear diez minutos y enfriar.

Llenar las tartaletas con la pasta de queso. Rociar con un poco más de queso Parmesano rallado y hornear a fuego fuerte diez minutos o hasta que hayan inflado y se vea dorada la superficie.

****

TARTALETAS *TATIN*

Preparar un tanto de pasta *brisée* o alguna otra de tu preferencia, utilizando azúcar en vez de sal. Utilizar moldes individuales de aproximadamente 12cms de diámetro.

Colocar en cada molde: 2 cucharadas de mantequilla en el fondo y 1 cucharada de azúcar.

Pelar y cortar en rebanadas 2 manzanas que no sean ácidas (pueden ser Delicious). Saldrán 8 rebanadas de cada una. Arreglar las rebanadas en los moldes para que queden "acaballadas", y rociar con azúcar y ralladura de limón. Por último, agregar trocitos de mantequilla (1 cucharadita). Extender la pasta y cubrir las manzanas. Hacer pequeñas perforaciones sobre la pasta y presionar con un tenedor por toda la orilla. Refrigerar media hora. Hornear 30 minutos a 190°C o hasta que haya dorado por encima. Enfriar en los moldes 20 minutos, desmoldar volteando la tartaleta para que queden las manzanas a la vista. Servir con crema batida o helado.

****

TIRAMISÚ (*postre italiano*)

Esta palabra es el equivalente a un "tente en pie" que usamos en español. Se inició en los burdeles en la Venecia antigua y luego en los años 70 un chef mejoró la receta y la hizo famosa.

Para que sea la receta original debe llevar queso *mascarpone* fresco y café exprés. Si no se tiene tiempo para hacer el pastel se pueden utilizar soletas.

Para el pastel: Encender el horno a calor mediano. Con una brocha para pastelería barnizar con mantequilla derretida el molde (cuadrado), colocar un pedazo de papel pergamino en el fondo; barnizar con mantequilla el papel pergamino y rociar con 2 cucharadas de harina el molde, golpeándolo para eliminar el exceso de harina.

En un tazón tamizar 2/3 taza harina con pizca de sal. Poner a un lado. En la batidora incorporar 3 huevos y batir unos segundos. Agregar 7 cucharadas de azúcar. Seguir batiendo hasta que la mezcla se vea de color pálido y esté espesa (5 minutos).

Tamizar un tercio de la harina sobre la mezcla de huevos y con la espátula de hule incorporar perfectamente. Hacer lo mismo con el resto de la harina. Verter la mezcla en el molde ya preparado. Golpear ligeramente para que desaparezcan las burbujas de aire. Hornear durante media hora o hasta que el pastel haya levantado y esté firme al tocarlo levemente con los dedos. Desmoldar. Retirar el papel pergamino y enfriar.

Crema de queso Mascarpone:

En un recipiente refractario colocar 5 yemas de huevo y 1/3 taza de azúcar. Batir un poco con batidor globo de mano y luego colocar el tazón sobre agua caliente que no esté hirviendo. Batir la mezcla hasta que se vea pálida y espesa (3 a 5 min.). Retirar el tazón del agua caliente y continuar batiendo hasta que la mezcla se haya enfriado ligeramente. Dejar enfriar totalmente. En otro tazón mezclar medio kilo de queso mascarpone fresco y 1 cucharadita de vainilla. Agregar las yemas con el azúcar e incorporar perfectamente con una espátula de hule. La mezcla no debe batirse ya. Batir las claras de huevo a punto de turrón con dos cucharadas de azúcar. Incorporar las claras (que deben estar bien duras) a la mezcla de queso mascarpone. Dejar a un lado.

Con un cuchillo de sierra cortar el pastel en dos y luego cortar rebanadas del tamaño de un dedo (también se pueden utilizar soletas). Mezclar 2/3 taza de café express con ¼ taza de licor de café (Kahlúa o Tía María) y ¼ taza de brandy (opcional) en un plato no muy hondo.

Rebanar el pastel en bastoncitos y pasarlos brevemente por el líquido y luego irlos colocando en un platón (hacer lo mismo con las soletas si no se tiene tiempo de hornear el pastel). Continuar con el resto de los bastones hasta tener una capa. Con una cuchara ir colocando la mezcla de mascarpone por encima hasta cubrir esa capa de pastel o soletas. Rociar con cocoa en polvo. Colocar otra capa de bastones o soletas pasados por el líquido y cubrir con mascarpone. Los bastones o soletas se pueden colocar en un sentido, en la primera capa y luego en el otro sentido en la segunda capa. Con un cuchillo alisar la superficie. Rociar con cocoa en polvo. Enfriar por lo menos 6 horas. Servir.

****

TORTA DE ELOTE 🇱🇬 *(original 1995)*

8 elotes desgranados – 1 lata de leche condensada azucarada – 4 huevos – 1 cucharadita de levadura en polvo (Royal) – 80gr de queso crema tipo Filadelfia – 100gr mantequilla derretida.

Licuar por partes los granos de elote, cada vez con un huevo y un poco de leche condensada. En la última porción agregar el queso crema. Mezclar todo muy bien un un tazón grande, agregar la levadura en polvo y la mantequilla derretida.

Barnizar con mantequilla un molde refractario y espolvorear con pan molido. Verter la mezcla. Hornear a calor mediano (180°C) aproximadamente media hora o hasta que al probar con un palillo en el centro de la torta éste salga seco.

Servir con rajas de chile poblano guisadas con cebolla y jitomate, o como postre con un poco de natillas de leche quemada.

****

TORTA DE ELOTE Y ZANAHORIA 🔖 *(receta original 1987)*

Licuar los granos de 4 elotes tiernos junto con 4 huevos. Agregar 80gr de mantequilla derretida, 4 cucharadas bien repletas de requesón, 1 cucharadita de levadura en polvo (Royal), pizca de sal, 6 cucharadas de azúcar y 2 tazas de zanahorias crudas ralladas.

Verter la preparación en un molde embarrado con mantequilla y espolvoreado con pan molido. Hornear a calor mediano (30 minutos). Cuidar que no se reseque, debe estar bien cocida la torta pero húmeda. Acompañar con una salsa de queso o salsa con rajas de chile poblano en caldillo de jitomate.

****

TORTA DE MIEL Y PISTACHES

(Influencia griega)

5 huevos – 220gr de yogurt natural – 225gr azúcar glass – 75gr almendras molidas – ralladura de limón y de naranja -150gr harina – 200gr semolina – 1 cucharadita Royal – 200gr aceite de oliva que no sea extra virgen – 1 limón – 1 naranja

Batir los huevos, agregar el azúcar glass y luego el yogurt. En seguida las almendras, la ralladura y la harina mezclada con la semolina y el Royal. Por último el aceite. Incorporar bien.

Embarrar un molde con aceite de oliva, tamizar harina. Verter la mezcla en el molde. Hornear 30 minutos a calor mediano (180°C).

Aparte, picar 150gr de pistaches. En una sartén verter 100ml de miel de abeja, agregar los pistaches. Cuando se esté calentando la mezcla, agregar el jugo del limón y de la naranja. La miel debe estar suelta, cuidar de que no se vaya a caramelizar.

La torta ya lista y desmoldada se pica un poco para que penetre la miel y se vierte todo (miel y pistaches). Servir un pedazo de torta acompañado con yogurt (también pueden agregarse fresas endulzadas al yogurt).

****

TORTA DE PIÑA *(postre de El Cocinero Mexicano editado en 1834)*

Pelar una piña, quitarle el corazón y picar la pulpa. Colocar en una olla esmaltada, agregar media taza de agua y hervir (de pulpa serán aproximadamente 600gr).

Aparte, moler 150gr almendras limpias. Mezclar con 2 yemas de huevo y 2 tazas de azúcar. Agregar a la olla que contiene la piña y cocinar 15 minutos a fuego suave.

Aparte, preparar unas natillas o *crème anglaise* con ¾ litro de leche – 4 yemas de huevo – 2 cucharadas de Maizena – media taza de azúcar – una cucharadita de extracto de vainilla

Para preparar la torta o pastel se tendrán listas soletas o bizcotelas. Colocar en el molde una capa de soletas ligeramente embebidas en agua y ron, una capa de pasta de piña, otra de natillas y se termina con una capa de soletas.

Para decorar, se adorna con más natillas, piñones y pasitas o se puede utilizar crema batida tipo Chantilly o merengue. Si se usa merengue se pasa unos momentos al asador para que dore ligeramente el merengue.

Esta receta fue revisada y corregida por mí para que se ajustara a los paladares modernos. La receta original llevaba medio kilo de almendras y ¡un kilo de azúcar!

****

TORTA DE SALMÓN Y CEBOLLÍN

Este platillo es muy útil para cuando estamos de prisa o tenemos invitados de última hora. Se puede servir con *bagels* o como un platillo de buffet con pan tostado.

500gr de queso crema – 2/3 taza de cebollín picado (dividir en dos) – agua la necesaria – ½ taza de salmón ahumado finamente picado

Colocar la mitad del queso crema en un tazón pequeño. Ablandar con la ayuda de un tenedor, agregar la mitad del cebollín y mezclar bien. Si es necesario, añadir unas gotas de agua filtrada para incorporar mejor.

Colocar un pedazo de manta de cielo dentro de un molde redondo. Con una espátula de hule embarrar la mezcla de queso y cebollín en el fondo del molde. Alisar. Colocar el resto del queso y el salmón en otro tazón y mezclar bien. Verter esa mezcla sobre la otra en el molde. Desmoldar de inmediato o refrigerar una hora o dos hasta el momento de servir. Rociar el resto del cebollín picado encima, para adornar.

****

TORTITAS DE PAPA ESTILO IRLANDÉS

En un tazón mezclar 1 ½ tazas de papas hechas puré y 50gr de mantequilla suave. Agregar 2 tazas de harina, 1 cucharadita de levadura en polvo (Royal), 3 cucharadas de leche y ½ cucharadita de sal, agregando más leche si se necesita, para formar una masa suave. Pasar la masa a la mesa enharinada y extender. Dejar del grueso de un dedo. Cortar con un redondel de galletas de aproximadamente 6cm de diámetro y pasar las tortitas a una charola ligeramente engrasada. Barnizar las tortitas con un huevo batido y un poco de leche y rociar con semillas de alcaravea (también pueden rociarse con queso parmesano o Gruyere). Hornear a calor fuerte durante 15 minutos o hasta que estén doradas. Si inflaron bien, se pueden dividir a la mitad para embarrarlas de mantequilla.

****

TORTITAS DE PEREJIL Y QUESO

Picar perejil fresco a medir ¾ de taza. Picar queso blanco fresco, tipo panela, a medir 1 taza. En un tazón grande incorporar el perejil, el queso, 1 huevo ligeramente batido, 1 cucharada de harina y sal y pimienta al gusto. Con una cuchara sopera sacar cucharadas y freírlas en una sartén con aceite bien caliente. Cuando doren pasarlas a un plato con papel absorbente para retirar el exceso de grasa.

****

TURRÓN DE DÁTIL Y NUEZ

½ kilo de nueces molidas – ½ kilo de dátiles picados – 1 litro de leche – 800gr azúcar

Verter todos los ingredientes a una olla de buen tamaño. Moverlos para empezar a mezclar la leche y el azúcar. El fuego no debe ser muy alto. Mover todo el tiempo con cuchara de madera. Poco a poco va a ir espesando la preparación. Al cabo de 45 minutos se empezará a ver el fondo del cazo u olla. Seguir moviendo a buen ritmo para darle el punto de turrón. Cuando el dulce se sienta muy espeso y se vea un área más grande en el fondo de la olla el turrón estará listo. Lo más común es pensar que el turrón ya está cuando vemos el fondo del cazo, pero debemos seguir las enseñanzas de las cocineras mexicanas dedicadas a estos dulces menesteres quienes nos recomiendan: "si crees que el turrón o ate ya está terminado, sigue moviendo la cuchara un poco más".

Pasar a un papel aluminio o lienzo de cocina. Enrollar y esperar a que entibie. Si el turrón está bien logrado se podrán hacer rollos de 20cm que se revolcarán en azúcar. No obstante, si la preparación no tiene la consistencia de un verdadero turrón (dura, que se pueda rebanar) entonces se formarán bolitas para usarlas como bombones o bocadillos dulces. Las bolitas se pasan por azúcar y se colocan en capacillos de papel.

****

"V"

VITELLO TONNATO *(Guiso Italiano de ternera con atún)*

La carne para este platillo debe ser de ternera recién nacida, cuya carne es de color rosado pálido. Por lo general se pueden encontrar *cuetes* no muy gruesos, de color rosado, que van a servir muy bien para este guiso. Amarrar la carne para que la carne quede más tierna. Preparar arroz blanco el día anterior.

Se coloca en una olla gruesa la carne, 1 lata de atún en aceite, 1 lata pequeña de anchoas en aceite, 3 ramas de apio partidas en pedazos, 2 zanahorias rebanadas, 1 cebolla rebanada, medio pepinillo en vinagre, 1 diente de ajo, varias ramas de perejil, 4 granos de pimienta entera y pizca de tomillo.

Agregar 2 tazas de caldo de pollo y 2 tazas de vino blanco bueno. Dejar que hierva todo. Cubrir la olla y cocinar a fuego suave durante varias horas o hasta que la carne esté suave y se pueda desprender con un tenedor. Dejar enfriar toda la noche en el refrigerador. Al día siguiente retirar la carne y quitar los amarres. Envolverla en papel aluminio y volver al refrigerador. Retirar toda la grasa solidificada del guiso y cocinar la salsa a fuego fuerte hasta que se reduzca a solamente 2 tazas. Colar este caldo y enfriar.

En la licuadora verter 1 ½ tazas de mayonesa y empezar a licuar junto con el caldo cuando ya esté a temperatura ambiente. Se obtendrá una salsa lisa y suave. Agregar sal, pimienta blanca y jugo de limón al gusto.

Cortar la carne en rebanadas muy delgadas y colocarlas en el platón de servicio sobre el arroz blanco. Decorar con perejil picado. Verter algo de la salsa sobre las rebanadas de carne y decorar con unas alcaparras. El resto de la salsa se servirá aparte en una salsera. Esta cantidad es para 12 personas. Se sirve frío.

****

VOLTEADO DE RUIBARBO

(Este pie es muy popular en Estados Unidos. Se originó en Inglaterra, aunque los franceses también aprecian el ruibarbo, sobretodo en confitura o mermelada)

5 cucharadas de mantequilla derretida – ¾ taza azúcar – ½ kilo de ruibarbo finamente picado

En una sartén gruesa derretir 50gr de mantequilla sin que tome color oscuro. Agregar la fruta picada y saltear un minuto. Añadir el azúcar. Mover con una cuchara de madera durante cinco minutos y luego volcar esta preparación en un molde cuadrado o redondo.

Aparte, preparar masa para *sponge cake* (o pan esponja) como sigue: 1 taza de azúcar batida con 5 yemas. Cuando levanten y adquieran un color pálido, añadir 1 taza de harina, el jugo y ralladura de un limón y las claras batidas a punto de merengue.

Verter la mezcla de *sponge cake* sobre el molde que tiene el ruibarbo en el fondo y hornear a calor mediano (180°C) durante veinte minutos o hasta que salga el palillo de prueba seco. Retirar del horno, enfriar 5 minutos y voltear sobre el plato de servicio. El sabor de este pastel es mejor cuando está tibio. Servir con crema batida.

****

"Y"

YOGURT HINDÚ

En una olla pequeña hervir 3 tazas de leche, moviendo con una cuchara de madera, durante 3 minutos. Bajar el calor y hervir suavemente la leche por 10 minutos. Enfriar un poco, debe estar tibia. En un tazón de cerámica o vidrio mezclar ½ taza de esta leche con 1 cucharada de yogurt comercial sin sabor. Agregar el resto de la leche, moviendo bien la mezcla y dejar reposar en un lugar tibio, tapada con un trapo limpio, durante toda la noche o hasta que haya cuajado. Salen 3 tazas.

****

"Z"

ZANAHORIAS CON CREMA

Lavar medio kilo de zanahorias, pelarlas y rebanarlas. En una sartén gruesa colocar media barrita de mantequilla (50gr) y derretir suavemente. Agregar las zanahorias, 5 cucharadas de agua y un poco de sal. Tapar y cocinar a calor medio, moviendo ocasionalmente, durante 10 minutos. Agregar 3 cucharadas de crema, pizca de azúcar y media cucharadita de hojas de mejorana. Volver a tapar y cocinar 5 minutos. Al desaparecer todo el líquido, retirar, pasar al platón de servicio y adornar con perejil finamente picado.

****

ZANAHORIAS CON JENGIBRE

Limpiar medio kilo de zanahorias tiernas y rebanarlas diagonalmente. Barnizar una sartén grande con un poco de mantequilla suave, agregar las zanahorias, rociar con un poco de agua y tapar. Cocinar al vapor durante 15 minutos o hasta que estén ligeramente suaves. Retirar la tapa y rociar las zanahorias con 1 cucharada de azúcar y 1 cucharadita de jengibre en polvo. Añadir sal y pimienta al gusto. Cocinar 1 o 2 minutos más o hasta que se vean glaseadas y mezclarlas con una cucharadita de jugo de limón.

****

¡Muy buen provecho!

INFORMACIÓN ADICIONAL

La autora ha creado una docena de condimentos que llevan por título:

Delicia de Especias (una selección de especias que sirve para condimentar cualquier sopa, arroz o asados de carnes)

Condimento italiano (la mezcla ideal para agregar a pastas o ensaladas, a base de orégano)

Hierbas de Olor (la perfecta combinación de plantas aromáticas que sin tener que usar un *bouquet garni* van a darle a las carnes y pescados el toque ideal.

Condimento español (el perfume del romero y el tomillo aunado al toque sutil de champiñones y pimientos rojos deshidratados y molidos, sal, pimienta y otras especias).

Curry de la casa (la perfecta unión de especias, como en la India, con mi propia fórmula).

Y muchos más, como el **Condimento griego, Condimento genovés, Mezcla Sagrada de la India, Condimento caribeño, Condimento para pescados y mariscos, Sal de Andalucía, Condimento oaxaqueño y Condimento**

de epazote. Además del más reciente que lleva por título **"Aromas de Oriente"** (para la buena digestión y una ola de energía).

Puedes solicitarlos enviando un correo electrónico a <u>magiamaya22sol@ gmail.com</u>

GLOSARIO

Acitrón: (de citrum y limón) – Cidra confitada. También el tallo de la biznaga mexicana, confitado. Se utiliza ya preparado en dulce y es muy común en platillos salados o pasteles.

Axiote: (Achiotl) – planta tiliácea de América, de cuya semilla se prepara una sustancia roja que se usa como colorante y condimento de algunos platillos. Muy común en guisados yucatecos. Se extrae poniendo los granos en agua caliente. La pasta que se obtiene sirve para dar color a los alimentos y bebidas.

Adobo: -jugo que se hace con diversos condimentos como aceite, vinagre, orégano, especias y otras hierbas aromáticas, ajo, pimentón, en el cual se sumergen ciertas viandas para conservarlas y darles sabor. Hay adobos que contienen, además, chiles secos. Al retirar las carnes del adobo se asan o se fríen y se sazonan de diferentes maneras. Ciertos adobos con chiles secos molidos e ingredientes como coco rallado, un poco de piloncillo y sus especias es embarrado sobre las carnes que se envuelven en hojas de plátano o en papel aluminio y se meten al horno en la tierra o al horno de leña o gas.

Albóndiga: Del árabe "(Al) bunduca" = la bola. Nombre aplicado a unas bolas de 3-4cm de diámetro que se forman con carne o pescado picado finamente, mezclado con huevo, pan molido y especias. Las bolas se pasan por harina, se fríen y luego se agregan a la salsa o caldillo que se haya elegido.

Atole: Voz mexica o azteca (*atolli*) para llamar a la bebida hecha con harina de maíz, de trigo o de arroz, disuelta en agua o leche hervida. Cuando se le agrega chocolate se llama *champurrado*. También se llama atole a la preparación que se hace de cual- quier líquido al que se agregó harina o fécula de maíz para espesar.

Azafrán: **(*Crocus sativus*)** Se utiliza como especia y como colorante. Se emplea en su estado puro en las recetas culinarias mediterráneas y de Oriente. Si se usa en demasía da un sabor amargo al platillo. Se trata de uno de los condimentos más caros ya que se necesitan 75,000 flores o 225,000 estigmas para hacer medio kilo de azafrán. Los fenicios fueron los primeros en llevar estas frágiles hebras anaranjadas a la costa Ibérica. Los árabes lo cultivan desde el año 960 a. de C y lo llaman za'faran. En España lo sembraron en grandes áreas de Alicante, Valencia y Castellón de la Plana. Los egipcios ungían a sus faraones con aceites preciosos a base de azafrán, mirra, canela y casia. Los romanos disfrutaban baños aromatizados con azafrán y las delicadas flores en capullos enteros eran esparcidas en los pisos del Foro o las lujosas villas de los patricios. Actualmente también se cultiva en Francia, Asia Menor y Sicilia.

Cacao: *(Theobroma cacao) Theobroma* proviene del griego y significa "bebida de los dioses", *cacao* es un vocablo náhuatl que en su forma original le decían *cacahuate*, también *cacahuitli* que significa "árbol del cacao". Las semillas de este árbol se presentan como almendras carnosas cubiertas de una cáscara delgada de color pardo, la cual se desprende al tostarla. Del polvo obtenido al triturar las semillas se fabrica el chocolate.

Camote: Se usa esta palabra en México y en otras regiones y países recibe nombres como *boniato, batata, aje, apicho, patata dulce.* Esta planta es originaria de las Antillas. En México se obtienen camotes de color amarillo, blanco o morado de sabor dulzón. Se come hervido o preparado para repostería.

Capulín: Proviene de la voz azteca: *capullo* – de la familia del cerezo cuya fruta es pequeña, de color morado oscuro, casi negro. Se trata de un árbol de la familia de las rosáceas.

Cardamomo: *(Elettaria cardamomum)* Miembro de la familia de los jengibres, nativo de la India y otros países asiáticos y cultivado también en Guatemala. De esta planta se extrae una pequeña cápsula de color verde que al secarse se torna blanca cuya textura es como el papel. Dentro, contiene varias semillas color café oscuro. Se utiliza como especia para dar sabor a pasteles, galletas y guisos. Al mezclarla con otras especias se obtienen exóticos condimentos como el curry. Su aceite esencial es muy apreciado en aromaterapia. Ha sido utilizado en la India como medicina. Para los antiguos griegos era fuente de ingresos. Los romanos la importaban para usos en la cocina, en perfumería y para elaborar licores digestivos. Los vikingos la llevaron a Escandinavia donde floreció como ingrediente esencial en panes y pasteles, en legumbres y encurtidos. En los países árabes es símbolo de hospitalidad al agregar las semillas al café recién filtrado, llamado *gahwa* que contiene azúcar, pizca de azafrán o clavos de olor. Para un delicioso puré de camote amarillo batir azúcar mascabado y mantequilla, agregar el camote y un poco de cardamomo en polvo.

Chilacayote:

(Tzilac-ayotli) = *Tzilac, liso; ayotli, calabaza.* También conocido como "cidra cayote" *Curcubita maxima).* Calabaza con la corteza manchada de verde y blanco que se emplea para fabricar el famoso "cabello de ángel", confitura apreciada desde los tiempos de la Colonia. En algunas regiones de la República se utiliza el chilacayote, nombrado chilacayote para preparar un agua fresca con piña y piloncillo. En la mayoría de los estados en donde se cultiva esta legumbre se utiliza como las calabacitas. Cuando el fruto está maduro se deja varios meses en reposo para obtener las semillas, pero también se utiliza la pulpa para hacer dulce.

Chilaquiles: Guiso hecho a base de tortillas cortadas en triángulos y fritas en manteca o aceite; luego cocidas en salsa de jitomate o de tomate verde a las que se les agregó chile serrano verde. También suelen presentarse en algún tipo de mole. Se adornan con cebolla picada cruda y queso blanco rallado. Al parecer el vocablo "chilaquil" significa "sombrero viejo, despedazado".

Chile: el vocablo "chile" en México representa una gran variedad de frutos más o menos picantes, los cuales se comen frescos (verdes) o secos (deshidratados al sol o ahumados en hornos especiales) de los cuales podemos nombrar los siguientes:

- chile serrano
- chile de árbol
- chile habanero
- chile manzano
- chile pasilla, o chilaca cuando está verde
- chile morita
- chile chilpotle o chipocle, verde es el jalapeño
- chile mulato
- chile comapeño
- chile cascabel o mirasol cuando es verde
- chile largo
- chile guajillo
- chile carricillo, conocido como chile güero
- chile piquín... y muchos más típicos de las distintas regiones del país.

Chile Poblano: -chile fresco, posiblemente el más grande, que se usa para rellenar, como se puede constatar en el maravilloso platillo poblano llamado *Chiles en Nogada*. Este chile tiene la particularidad de nacer con una falla en su genética de tal suerte que puede sacar un color verde oscuro o ligeramente más claro, siendo el más claro el menos picante. Al secarlos al sol obtenemos el chile *mulato* (que es el más oscuro), y el chile *ancho* que es el más claro. Ambos se usan para hacer una gran variedad de *moles*.

Cidra: Fruto del cidro, semejante a la toronja, pero mucho mayor en tamaño, redondo, casi como un balón de fútbol soccer. Contiene poco jugo y su gruesa cáscara se emplea para hacer confitura.

Clacloyo: También conocido como Tlacoyo o Tlatlaollo. De forma alargada, se trata de una tortilla gorda oblonga hecha de masa azul o blanca, rellena de puré de frijoles negros o de habas o de alguna hierba comestible.

Clemole: (*Tle-molli*) = Tl, fuego, lumbre y molli, guisado. "Guisado de lumbre", es decir, hecho al fuego. Caldillo o salsa de chile con jitomate en el que se guisan carnes y legumbres. No llega a ser un mole verdadero ya que éste contiene muchos más ingredientes (ver *mole*).

Cuitlacochis: Conocido en la actualidad como Huitlacoche. Del náhuatl *cuitla-cochin-cuitlatl* = suciedad... cochini, que duerme... "mazorca de maíz degenerada y diferente de las otras". Hongo parásito que se cría en algunas mazorcas. En la cocina mexicana es muy apreciado y se acostumbra guisarlo en quesadillas, en tamales, en platillos de influencia europea como los canelones y las crepas rellenas o en una deliciosa sopa.

Cúrcuma: nativa del sur de Asia y cultivada en países como la India, China, Tibet, Tailandia. Tiene un color amarillo naranja. Se utiliza tanto para teñir las túnicas de los monjes budistas como para color a diferentes guisos. Se agrega a la preparación de una mostaza o una mezcla de curry.

Curry: La verdadera fórmula del curry suele ser tan discutida como la verdadera fórmula de algunos de nuestros moles. Los hindúes llaman al curry *"Masala"*. El curry de Madras tiene un color amarillo intenso, mientras que el de Pondicheri se caracteriza por un gusto diferente y color más oscuro. A uno se le agrega fenogreco o alholva, cúrcuma, semillas de cilantro y de comino... a otro se le añade nuez moscada y pimienta. Se dice que el clásico curry debe llevar: semillas de cilantro, cardamomo, nuez moscada, jengibre en polvo, comino, pimienta, clavo y chile seco molido.

El curry se utiliza en diversos platillos en la India como salsas para acompañar huevos, pescados, cerdo, aves y verduras; lleva como guarnición arroz blanco. Cuando se sirve curry existe la preferencia de agregarle *Chutney* que es una especie de mermelada de mangos verdes, tamarindos, vinagre y azúcar mascabado, entre otros ingredientes. Los chutneys pueden ser de jitomate, duraznos y otras frutas. Todas las especias contenidas en el curry constituyen un estimulante digestivo y su acción es la de un desinfectante intestinal.

Chalota: del francés *échalote* o *eschalogne*, del latín *Escalonia cepa* (cebolla de escalón) = proviene de Ascalonia *(Allium ascalonicum)*. Planta hortense liliácea, de bulbos agregados como los del ajo, blancos por dentro y rojizos por fuera, empleados como condimento. Su sabor es más parecido a la cebolla que al ajo.

Chía: Semilla de la *Salvia columbaria* o *Salvia hispanica L.* que, puesta a remojo, suelta un mucílago con el cual, mezclado con jugo de limón y azúcar, se hace una deliciosa agua fresca. La chía tiene compuestos nutricionales muy poderosos.

Chicozapote: *Xicotzapotl* - conocido popularmente en México simplemente como Chico para no confundirse con otros zapotes que así se nombran (el negro y el blanco). En la antigüedad se conocía como *xicotl, jicote y tzapotl.* Nace sin cultivo pues se trata de uno de muchos árboles frutales silvestres y posiblemente endémicos de México. El tronco y el fruto de este árbol producen el "chicle".

Elote: -mazorca de maíz tierno, choclo (Argentina)

Eneldo: *(Anethum graveolens)* (dill en inglés). Utilizado profusamente por los pueblos escandinavos y alemanes en la preparación de diversos encurtidos, ensaladas y pescados ahumados. Se popularizó en Estados Unidos y luego viajó hacia otros países de Latinoamérica. No soporta la cocción pues pierde su sabor, por ello se utiliza como toque final para diversos manjares. Se dice que estimula la lactancia en las madres, detiene el hipo y calma los cólicos en los bebés, facilita la digestión y calma los dolores de estómago.

Escabeche: Adobo hecho con aceite, vinagre, sal, hierbas aromáticas y especias para conservar en él carnes o pescados.

Estragón: (*Artemisia dracunculus*) Se trata de una hierba aromática de difícil cultivo, pues no se propaga por semilla sino con un pie de otra planta. En Francia se utiliza en diversas salsas como la salsa Bernesa. Se suele agregar a vinagres, pepinillos, mostaza, en platillos de aves, pescados o crustáceos finos a la crema o untados con mantequilla.

Horchata: Del catalán "Hordeata", de cebada. Aunque derivada por camino desconocido, quizás de una voz mozárabe usada en Valencia. Bebida que se hace majando almendras, arroz u otro fruto semejante, particularmente "chufas", que son previamente remojadas y hechas pasta para luego agregarles agua y azúcar.

Iguana: Las iguanas son reptiles que acostumbran poner sus huevos en cavidades que hacen en la tierra. Las hay de varias especies como la iguana de ribera, que habita en los árboles cerca del agua, la iguana rayada que vive en la costa y la iguana de roca o negra que prefiere los terrenos secos. Todas ellas son comestibles. Los *suaves* de San

Mateo del Mar, en Oaxaca, preparan, para el día de Difuntos, tamales con masa de maíz revuelta con semillas de calabaza molida y los rellenan con carne de iguana guisada. Una vez muerta la iguala se tatema (se asa) y se raspa para quitarle las escamas. Después se lava con escobeta y se talla. Ya limpia de menudencias se corta en trozos y se pone a cocer en agua con sal y ramas de epazote. Mientras, se prepara un clemole con jitomate, chiles costeños y el caldo donde coció el animal. Se espesa el caldillo con una bolita de masa de maíz y, por último se añade la carne de la iguana.

Jengibre: (*Zingiber officinale*) Las raíces o rizomas frescos se guardan en el refrigerador envueltos en papel. Para conservarlo indefinidamente: pelar el jengibre fresco, cortarlo en pedacitos y colocarlos en un frasco de cristal. Llenar el frasco con buen Jerez seco y sellarlo perfectamente con una tapa que no deje entrar aire, para que no se pudran. Guardar el "Jengibre al Jerez" en el refrigerador y usar el líquido para dar sabor a las sopas, salsas y postres. Los pedazos de jengibre pueden usarse como si fueran frescos.

Maizena: -se trata de una marca registrada en México y que no es otra cosa más que fécula de maíz y se usa para espesar salsas y sopas.

Mantequilla clarificada: Derretir 250gr de mantequilla y retirar la espuma que aparezca en la superficie. Dejar reposar unos minutos y pasar a un recipiente de cristal o esmalte, cuidando que el líquido blanco que está en el fondo no pase. Este líquido son los sueros de la leche que suelen quemarse y dar un mal sabor a lo que se está guisando al tornarlo oscuro o negro. Refrigerar hasta nuevo uso.

Memela: (Tlaxcal-mimilli) – Tlaxcalli = pan de maíz; mimillo = grande, rollizo: tortillas de maíz grandes y rollizas.

Molcajete: (Mol-caxitl) molli = salsa; caxitl = cajete, recipiente, escudilla = "escudilla de las salsas". Se trata de un mortero de piedra o de barro en el que se muelen especias, chiles, etc. para hacer las salsas.

Páprika: Cuando se escucha este nombre de inmediato se Asocia con el conocido guiso húngaro "Gulash o Gulyás, con carne de ternera o pollo. Este polvo Preparado con chiles rojos llevados de las Indias O Occidentales en los barcos de Colón hasta el viejo mundo, cruzó las fronteras de España hasta llegar a Europa Central y lograr su mejor éxito en Hungría. La páprika es extraída de los chiles rojos secos de la especie *Capsicum annuum* que tiene hojas verde Oscuro y una solitaria flor blanqui-verde en forma de estrella. La páprika española (llamada pimentón) es suave y siempre dulce, la húngara es mucho más fuerte y acre.

Royal: -he tenido cuidado de marcar "levadura en polvo" y, en ocasiones agrego esta palabra que es la marca registrada de un producto popular en México. No se trata de la levadura granulada o la fresca, en barras que se usa para las masas para pan campesino, baguette, ciabatta o bolillo.

Semilla de "alegría": La semilla de la planta conocida como *Amaranthus leococarpus* o = amaranto. Con esta semilla, nacida del fruto maduro de una variedad de la familia de los *quelites*, los indígenas del valle de México prepa-raban atole *(tzoalli)* y tamales pequeños *(huauquil tamalli)* ofrecidos al dios del fuego. Cuando la planta ya está seca, la cortan y la sacuden para sacar la semilla. Luego la limpian pasándola por un tamiz o cedazo y la tuestan en un comal de barro moviéndola con popotes de paja. Esto resulta lo mis-mo que tostar "palomitas o rosetas de maíz" ya que revientan y toman un color blanquecino. El amaranto se vacía en un molde y se le agrega miel de piloncillo, canela, vainilla y jugo de limón. Las semillas de amaranto con la miel se enfrían y se cubren con un papel al que se le coloca encima un peso para que prense bien el dulce. Luego se corta en cuadros. El amaranto se come ahora agregado a la mezcla llamada "granola" y de otras maneras pues contiene un alto porcentaje de aminoácidos y nutrientes indispensables para dar energía al cuerpo.

Tequesquite: (Te-quixquitl) = "La sal de la Tierra" – Tetl = piedra; Quixquitl = brotante, que sale de la tierra por sí sola. Se trata de una eflorescencia salina, de color cenizo, formado de sexquicarbonato de soda y coloruro de sodio usado como sustituto del carbonato o bicar-bonato común. Se usa para echar en remojo ciertas legumbres o frutas antes de hervirlas y prepararlas en diversos guisos o dulces. Es típica de las orillas del lago de Texcoco y su uso todavía es popular en hogares con tradiciones culinarias mexicanas.

Tornachiles

Chiles verdes, gordos, los primeros que salen en primavera. Se trata de una variedad entre el chile serrano y el poblano. No son muy picantes.

Totopostles:

Bisteces molidos, bajados en metate

Totopo:

(Totoposte-Pacholi) Totopochtic = bien cocido, bien tostado, bien asado. Derivado de "totopoza": tostar, asar. Tortillas tostadas en el horno o fritas, para acompañar frijoles fritos o como guarnición en sopas y otros guisos. En Guadalajara le llaman *pacholi* a la tortilla tostada.

Amar la comida y prepararla con creatividad es uno de los mayores placeres. Que tus días estén llenos de suculentos platillos, y que puedas disfrutarlos con aquellos a quienes amas.